新たな反日包囲網を撃破する日本

渡部昇一

徳間書店
Tokuma Shoten

新たな反日包囲網を撃破する日本――＊目次＊

第二章　中国・韓国の反日にどう対抗すべきか――47

第五章　日本のサバイバルのために「胆力」を磨け——185

装　幀　上田晃郷
編集協力　松崎之貞

第一章　靖国参拝で明確になったアメリカの劣化

内外からの批判を押し返した安倍首相の靖国参拝

二〇一三年十二月二十六日、安倍晋三首相は現役の首相としては実に七年ぶりに靖国参拝をされました。その後、中国や韓国がこれに反発し、日本のマスコミなどもこれに呼応するかのように安倍政権を批判し続けています。

さらにはアメリカまでもが「失望した」というコメントを発表したことで、国内外での安倍批判が勢いづいた感があります。このアメリカのコメントの背景については後にご説明しますが、なにはともあれ、首相が靖国を参拝されたのは、慶賀すべき快事でした。

第二次安倍内閣が発足（二〇一二年十二月二十六日）して以来、私がいささか意外な感をもったのは、もっと強く〝安倍カラー〟を打ち出すのではないかと思っていたのに、「アベノミクス」と呼ばれる経済政策以外にはあまり安倍さんの個性が出ていなかったことです。

第一次安倍内閣のとき（二〇〇六年九月～〇七年九月）は、華々しく「戦後レジームからの脱却」というスローガンを掲げましたが、今度の再登板ではあまり気張った掛け声は聞かれませんでした。それはなぜかというと、やはり安倍さんご自身、長期政権をめざしているからだと思います。「長期政権となれば、なにもいま慌ててやらなくてもいい。世論の動向を変える時間は十分にある」という肚《はら》なのではないでしょうか。だから粛々と進んでいるのだと思われます。

そう考えれば、「日本版NSC」と呼ばれる「国家安全保障会議」もスタートさせましたし、つづいては「特定秘密保護法」も成立させています。地味ではありますが、成果は粛々と上げています。

こうした安倍内閣に対して中韓両国は露骨に反発の姿勢を見せておりますが、そんなことは織り込み済みだからでしょう、まったく気にしている気配はありません。逆に、中韓両国を取り囲むＡＳＥＡＮ（東南アジア諸国連合）の加盟国をつぎつぎとまわっては積極的な外交攻勢をかけています。〝手〟は着々と打っているのです。

ただ、われわれが気になっていたのは、靖国神社への参拝問題でした。安倍さん自身、第一次安倍内閣のときに靖国参拝ができなかったことを「痛恨の極み」と述べられていたにもかかわらず、二〇一三年の春季および秋季例大祭、そして八月十五日の終戦記念日も、いずれも参拝を見送ったからです。安倍内閣を支持する人たちはみな、「これはちょっと約束が違うのではないか」と感じていたに相違ありません。

　そうしたところ、内閣発足からちょうど一年になる日に、靖国神社へ参拝なさったわけです。モーニング姿で本殿に参拝し、「内閣総理大臣・安倍晋三」として白い菊を献じておられます。境内にある世界のすべての戦没者を慰霊する「鎮霊社」にも参拝されました。

　そのとき発表された談話はつぎのとおりです。

《本日、靖国神社に参拝し、国のために戦い、尊い命を犠牲にされた御英霊に対して、哀悼の誠を捧げるとともに、尊崇の念を表し、御霊《みたま》安らかなれとご冥福をお祈りしました。
また、戦争で亡くなられ、靖国神社に合祀されない国内、及び諸外国の人々を慰霊する鎮霊社にも、参拝いたしました。
　御英霊に対して手を合わせながら、現在、日本が平和であることのありがたさを噛みしめました。（中略）
　靖国参拝については、戦犯を崇拝するものだと批判する人がいますが、私が安倍政権の発足した今日この日に参拝したのは、御英霊に、政権一年の歩みと、二度と再び戦争の惨禍に人々が苦しむことの無い時代を創るとの決意を、お伝えするためです》

じつに立派な談話だと思いました。「靖国参拝については、戦犯を崇拝するものだと批判する人がいますが、……」と、朝日新聞や中韓両国からの〝批判〟も承知のうえだ、という決意も大いに評価できます。

靖国参拝までの裏事情

それなら、なぜあの時期まで靖国神社の参拝を延ばしておられたのか。

私の解釈では、アメリカから「靖国参拝は控えてくれ」というメッセージが入っていたからだと思います。尖閣諸島をめぐっては日本と中国との関係がきわめてナーバスになり、竹島をめぐっては韓国の朴槿恵《パククネ》大統領の〝告げ口外交〟が盛んになって、東アジア情勢が不安定化しているため、アメリカから「事を荒立てないでほしい」と、クギを刺されていたのだと思います。

アメリカのオバマ政権はいま非常に内向きの政策をとっています。

リビアのカダフィ政権に対する軍事作戦（二〇一一年）でも、アメリカ軍はヨーロッパの部隊の支援に徹していたし、北アフリカのマリ共和国をめぐる情勢（二〇一三年）でも陸上での戦闘はフランス軍に任せっぱなしでした。オバマ政権は、アフガニスタンからでもどこからでも、どんどん兵力を引き上げたいと思っているようですから、いままた東シナ海や南シナ海あたりでゴタゴタしてもらっては困ると考えているに違いありません。

察するところ、そんなオバマ政権から安倍政権に対して「摩擦を起こさないでいただきたい」というメッセージがあったから、安倍さんも靖国参拝を遠慮していたのだと思います。

相手が中韓両国だけであったなら、私は、安倍さんは彼らの意向など無視してさっさと靖国神社へ行かれたと思います。そして堂々と参拝なさっていたことでしょう。しかるに、同盟国アメリカからクギを刺されていたとなると、これはちょっと事情が違ってきます。安倍さんが靖国参拝を引き延ばしていた背景には、そうした内情が隠されていたと思います。

ところが昨年も後半に入ると、突如、それまで難航していた沖縄の米軍普天間飛行場（宜野湾市）の移設問題の解決の目処《めど》がつきそうになってきた。名護市辺野古《へのこ》沖の埋め立ての目処《めど》が立ってきました。暮れの二十五日には沖縄県の仲井眞（弘多《ひろかず》）知事も、政府の示した「基地負担軽減案」に関して「驚くべき立派な内容だ」と評価しているほどです。

普天間基地移設の停滞は、アメリカがかなりジリジリしていた問題です。その普天間問題に曙光が射してきた。そこで安倍さんも、「アメリカのほうはもう大丈夫だ。靖国神社に行っても横槍を入れてくることはあるまい」と踏んだのではないでしょうか。だから、「懸案の」というか「念願の」と評すべきか、かねてから望んでおられた靖国参拝に踏み切ったのだと思います。

中国が異常に「靖国参拝」を嫌うワケ

安倍首相の靖国神社参拝を受けて、中韓両国は予想どおり、日本を非難するコメントを発表しました。

まず、中国は——《日本の安倍首相は、中国の断固たる反対を顧みず、横暴にも第二次大戦のA級戦犯が祀《まつ》られている靖国神社を参拝した。中国政府は中国ならびに他のアジアの戦争被害国の国民感情を粗暴に踏みにじり、歴史の正義と人類の良識に公然と挑戦した日本の指導者の行為に強い憤りを表明するとともに、日本に強い抗議と激しい非難を表明する》と、拳を固めました。

韓国も――《安倍首相の靖国参拝により、韓日関係は史上最低点に向かおうとしている。これは韓日関係を含む東アジアの安定と協力関係の時代を根本から損ねる誤った行為だ》と、憤っています。

ここでひと言、なぜ中韓、とりわけ中国が靖国神社参拝を攻撃してくるのか、その理由について触れておきます。

私は、中国から日本に帰化した評論家の石平《せきへい》さんとお話ししていたとき、その理由がわかったように思いました。石平さんは日本にくる前、中国でさんざん「日本人は怖いぞ」と脅かされていたというのです。なにが怖いのかと訊くと、「あいつら、死ぬのが怖くないんだ」という答えが返ってきたそうです。

その話を聞いて、ハタと思い当たったのです。

中国は日清戦争（一八九四年～九五年）以来、日本に負けつづけてきました。十倍以上の戦力があっても、日本軍に勝てなかった。「いったい、どうして負けるのか」と考えていたら、彼らは「日本人は死をも恐れず突貫《とっかん》してくるからだ」と気づいたのです。「自分たちはどうしても死が怖い。死にたくない。だれもが命は惜しいと思っている。ところが、日本の兵隊たちは死を恐れない。それはなぜか」と、さらに考えていったとき、行き当たった先が靖国神社だったのではないでしょうか。

たしかに靖国神社は、「死んでも靖国神社に祀ってもらえるぞ」「死んだら靖国で会おうぜ」といったぐあいに、日本の将兵の精神（スピリット）の拠りどころでした。中国人には、それが怖い。だから彼らは異常なまでに靖国神社を否定するのです。

そう考えれば、中国側がしきりに靖国問題をもち出すのは、じつは〝政治カード〟という意味だけではないのです。日本人が国を守るときの精神（スピリット）の拠りどころは靖国神社である。だから、靖国神社＝日本精神（スピリット）を潰しにかかってくるのです。

私は石平さんのお話から、そういうことに思い至りました。

「失望」コメントからわかるオバマ政権の分裂

話を戻します。

中韓両国の反応はもちろん首相官邸の計算のうちに入っていたに違いありませんが、アメリカまでもが参拝当日に「失望した（the United States is disappointed that～）」という趣旨のコメントを発したのは、これは想定外だったに違いありません。

《日本は重要な同盟国であり友であるが、アメリカ政府は日本が隣国と関係を悪化させる行動を取ったことに失望した》

これはいったい何ごとか？

「日本に失望した」というアメリカ政府の談話の意味について、以下、しばらく考えてみたいと思います。

第一にいえることは、オバマ政権の劣化です。

どういうことかというと、政権内部が二つに割れているのです。すなわち、軍事を担当する「国防総省」系と外交政策を実施する「国務省」系に分裂している。

その証拠となるのは、ブッシュおよびオバマの両政権で国防長官を務めたロバート・ゲーツ元長官が最新刊の『Ｄｕｔｙ』という本でオバマ大統領を批判していることです。これに関しては、産経新聞の一月八日付の紙面で、ワシントンの小雲規生記者がレポートしていますので、やや長くなりますが読んでみます。

《米国のブッシュ、オバマ両政権で国防長官を務めたロバート・ゲーツ氏が、14日発売の回顧録「デューティ（任務）」で、オバマ大統領の政権運営能力を厳しく批判していることが分かった。米紙ワシントン・ポストなどが7日、電子版で同書の内容を報じた。クリントン前国務長官にも批判の矛先が向けられており、２０１６年の大統領選への影響も取り沙汰されている。

同書はオバマ氏の米軍への不信を象徴する場面として、11年3月のホワイトハウスでの会議を描写。この会議でオバマ氏は、アフガニスタン駐留米軍トップのペトレイアス国際治安支援部隊（ＩＳＡＦ《アイサフ》）司令官（当時）が記者団に撤退開始時期の確定に消極姿勢を表明したことに「怒りを爆発」させ、ペトレイアス氏の能力に疑問を呈した。

ゲーツ氏は「オバマ氏は自らに仕える司令官を信頼せず、自らの戦略を信じていない」と批判。オバマ氏にとってアフガンでの戦争は「撤退するだけのものだ」としている。

ゲーツ氏はまた、ドニロン前大統領補佐官ら側近が取り仕切るオバマ政権の体制を歴代政権のなかでも「最も中央集権的で、安全保障にも口を出す」と指摘。国防総省には「ホワイトハウスに情報を与えすぎるな」と指示していたと明かしている。

さらに同書はクリントン氏が、07年のイラク増派に反対したのは翌年の大統領選民主党予備選への影響を配慮した「政治的な理由」によるものだったと話したとも暴露。ワシントン・ポスト紙は、16年の大統領選出馬が有力視されるクリントン氏が政治的な打算で主張を変える人物であることを示す逸話とし、「クリントン氏を大統領の座から遠ざける潜在的な戦いの論点となる」としている》

じつをいえば、オバマ大統領はペトレイアス氏の前任者スタンリー・マクリスタル司令官も解任しています。マクリスタル氏が二〇〇九年一月、国防総省でオバマ大統領と初めて同席したとき、「大統領は居心地悪そうにビクビクしていた」とインタビューで答えたり、アフガン戦線への増派戦略に批判的だったバイデン副大統領についても、「バイデンって、だれだ?」と軽蔑するような発言をしたりしたことが大統領の逆鱗《げきりん》に触れたからだと伝えられています。

辞めた（あるいは辞めさせられた）将軍が時の政権を批判するというのは、やはり相当に深刻な出来事なのです。それほど軍（国防総省）と政府は離間している、と受け取っていいと思います。

国防総省系と国務省系のこうした乖離《かいり》は今後ますます広がっていくのではないかという恐れもあります。

なんとなれば、尖閣諸島をめぐる情勢が緊迫しているところへもってきて、昨年十一月、中国が勝手に東シナ海の「防空識別圏」を決めたからです。この中国側の防空識別圏に尖閣諸島の上空がすっぽりふくまれているため、アメリカの国防総省はこれまでよりずっとシビアに中国と対立していくはずです。それに対して、政府および国務省のほうは「どうかもっと静かに……。穏便にやってくれないか」という姿勢ですから、両者の反目はそう簡単には収まらないのではないでしょうか。

その意味からすれば、安倍首相の靖国神社参拝は国防総省と国務省のあいだにできた隙間をじつに鋭く衝いたと解釈することもできます。普天間基地の移設問題の目処も立ちそうになってきたから米軍との関係は大丈夫だ。つまり、日本にとって肝心な国防総省のほうは心配ない。とすれば、たとえアメリカ政府や国務省サイドが多少不快感を示してきてもたいした問題ではない……。

もし、安倍さんがそこまで織り込んでいたとすれば、日本の首相官邸もじつにしたたかだということになりますが、ただし、その確証はありません。

このように「アメリカが割れる」という現象は、大なり小なり以前から見られました。米ソ間の東西冷戦が厳しかったころ、日米間には貿易摩擦がありました。経済が好調な日本に対し、アメリカは貿易赤字と財政赤字という〝双子の赤字〟を抱えていましたから、プラザ合意による円高誘導（一九八五年）とか、日本における規制撤廃を要求する「年次改革要望書」（一九九四年以降）とか、さまざまなかたちで圧力をかけてきました。そのとき日本側の立場に立ってくれたのはやはり国防総省でした。米軍は当時のソ連と対峙していましたから、「同盟国・日本に〝アメリカ嫌い〟になられては困る」といって、わが国の肩をもってくれたのです。

ところが政府サイド、すなわち国務省とか財務省とか商務省……のメンバーにとって、いちばん重要なのはやはり自分のスポンサーの選挙区ですから、彼らは「米国民の経済的安定を守るためだ」などといって日本を抑えにかかってきたのです。そして貿易摩擦が生じると、軍のほうはアメリカ政府をたしなめる。

このように国防総省 vs 国務省という構図は以前から見られたものなのです。

アメリカからWASPの精神が消えつつある

しかし、二十一世紀に入ってから、とりわけオバマ大統領の登場以降「アメリカは変わってきた」と思える現象もあります。

アメリカという国は植民者の集まりです。十七世紀の前半、信仰の自由を求めた清教徒をふくむ百二人が「メイフラワー号」に乗って新大陸に渡ってきた。これが今のアメリカの起源です。いわば、ヨーロッパで宗教的な迫害を受けたり、食い詰めたりした人たちが「とにかく自由がほしい」といって渡ってきたのです。

問題はなによりも「自由」だった。

したがって、商売でも「儲けたい人は勝手に儲けてください」という空気がありました。儲け損ねた人は悔しいでしょうが、仕方がないから諦めるか、自分に代わって息子を出世させようとした。そんな気風が国中に充ちていましたから、出世する人をあまり妬《ねた》まない。むしろ讃える、という雰囲気の国であったといいます。そこから「アメリカン・ドリーム」という輝かしい言葉も生まれたわけです。

そうしたアメリカの建国にあたった人びとは、ご承知のとおり、WASP《ワスプ》と呼ばれています。“White, Anglo-Saxon, Protestant”の頭文字からつくられた言葉です。
ところが、アメリカ人の典型ともいうべき、このＷＡＳＰの比率がいまどんどん下がっているのです。

逆に増えているのは、ヒスパニック系、アフリカ系、アジア系の人たち。
アメリカの二〇〇〇年から二〇〇七年までの人口増加（新生児＋移民）の統計を見ると、増加する人口のうち、白人の占める割合は三割程度です。過半数を占めているのはアフリカ系とヒスパニックの人たちです。別の統計によると、白人女性はひとり当たり一・七人しか子供を産まない（ひとりの女性が概算で二・一人の子供を産まないと、その人口は減っていく）のに、ヒスパニック系の女性は平均三・〇人も産んでいます。もっとすごいのが、移民第一世代や非合法で入国してくる女性たち。彼女らはなんと三・五人も産んでいるのです。

二〇〇九年の別の統計を見ると、白人の老人がひとり死ぬたびに、白人の赤ん坊がひとり生まれています。一対一ですから、白人人口は横ばいのままです。ところが、これがヒスパニック系になると、老人がひとり死ぬたびに、赤ん坊がなんと九人（！）も生まれているのです。したがって、米統計局によると——二〇二二年には二十歳以下の人口の半分以上が白人ではなくなってしまうといいます。現在、白人は全体の六割程度ですが、やがて五割を割り込むことは必至です。

白人といっても、かならずしもＷＡＳＰではありませんから、ＷＡＳＰの割合はもっと下がることになります。

そうすると、どういうことが予想されるか。

最初の植民者たちのような「アメリカン・ドリーム」を抱いた人たちの比率が下がってくる。新天地を求めてアメリカに渡ってくる人びとというのは本来、前述したように「自由」を求めていたわけですから、社会保障を求めるなどということは、頭の片隅でも考えなかったはずです。「自分のことは自分で始末してください」という国だからです。

ところが、オバマ大統領は国民皆保険制度を打ち出しました。そこで、共和党が反発しているわけです。じっさい、国民皆保険というようなものはアメリカ人の体質には合わないと思います。いまも指摘しましたように、アメリカは本来、"Self-Help"（自助）が基本なのです。

もちろん、ある人がとことんまで落ち込んだ場合は、教会が食事を提供するとか、「メディケア」といって高齢者や障害者向けの公的医療保険制度などはありました。しかし、日本のような全国民が加入する国民健康保険制度はあまりなじまないのです。

オバマ大統領はそれを〝チェンジ〟して、国民皆保険にしようとしたのです。そして、その法案は通ったわけですが、しかし、それを実行するための前提条件の調査が全然できていなかった。皆保険を実施するためには国民の個々の収入を把握しなくてはいけないのに、その基礎工事ができていないために、法律は通ったけれども動き出せないのです。

また、この国民皆保険には「医療費抑制政策」も入っていますから、その抑制項目に引っかかると、それまで民間保険で受けられていた治療が受けられないというケースも出てきたり、民間の保険では可能だった治療が対象外になったりするため、新しい保険には「安かろう・悪かろう」という側面もある、といわれています。

そんなわけで、オバマ大統領の国民皆保険制度は、共和党系とりわけ「ティー・パーティー」といわれる保守派の人たちからの反発が強いのです。彼らはこの皆保険制度を「オバマ・ケア」などと蔑称して、「建国の精神に反する」とさえ叫んでいます。そのため、オバマ政権はいま、レームダック状態にあるといってもいいでしょう。

人口問題や保険問題をめぐる以上の事例からもわかるように、アメリカでは現在、WA

SPの精神が消えつつあります。

アメリカの独立宣言およびアメリカの憲法をつくったのはひとり残らずWASPでした。一七七六年、「独立宣言起草委員会」が発足して、そこに集まった五人の委員、すなわちトーマス・ジェファーソン、ジョン・アダムズ、ベンジャミン・フランクリン、ロジャー・シャーマン、ロバート・リビングストンは全員WASPだし、初代大統領のジョージ・ワシントンももちろんWASPです。

アメリカの〝背骨〟になっているのは、このアメリカ独立宣言および合衆国憲法です。では、それを守る最高機関はどこか？　いうまでもなく、アメリカの連邦最高裁判所であります。ところが、その連邦最高裁判所において恐るべき状況が見られるのです。そこの判事にWASPがひとりもいないのです。

以下、九人の判事たちのプロフィールを略記してみます。

・アントニン・スカリア　男　イタリア系
・アンソニー・ケネディ　男　白人系
・クラレンス・トーマス　男　アフリカ系

・ルース・ギンズバーグ　女　ユダヤ系
・スティーブン・ブライヤー　男　ユダヤ系
・ジョン・ロバーツ　男　白人系（長官）
・サミュエル・アリート　男　イタリア系
・ソニア・ソトマイヨール　女　ラテン系
・エレナ・ケイガン　女　ユダヤ系

ご覧のように、白人系の判事も入っておりますが、このふたりはローマ・カトリックですから、ＷＡＳＰとはいえません。ＷＡＳＰはプロテスタントでなければいけないからです。そして、少数民族といわれて差別されてきたユダヤ系が三人も入っています。九人のうちの三人ですから、三分の一です。

アメリカはいま、こうした状況にあるのです。明らかに、われわれが教科書とか雑誌などで知っていた昔懐かしいアメリカは急速に消えつつあるというべきです。

安倍首相の靖国神社参拝に「失望した」という声明を発したアメリカとは、こういうアメリカだったのです。

歴史に無知なアメリカ人

安倍さんの靖国参拝に「失望した」アメリカにはもうひとつの特徴があります。それは歴史に対する無知なアメリカ、という貌《かお》です。

オバマ政権の中心的アドバイザーはだれかというと、アフリカ系が中心だといわれています。

第一のアドバイザーはミシェル夫人だそうです。彼女はただのファースト・レディではなく、たいへん有能な政治家でもあると伝えられています。アメリカの名門プリンストン大学を「優等」の成績で卒業したあと、彼女はハーバード大学の法科大学院、いわゆる「ハーバード・ロー・スクール」で博士号を取得しています。

二番目のアドバイザーは、国連大使から国家安全保障問題担当の大統領補佐官に呼び戻されたスーザン・ライスです。この女性もアフリカ系です。

それから史上初の黒人司法長官のエリック・ホルダーほか、もう一、二名おりますけれども、彼らはいずれもアフリカ系と見なされるアメリカ人です。この人たちは、まあ、悪くいえば自分の民族の歴史を知りません。

われわれ日本人は、歴史というと、きわめて古い時代からはじまると考えます。卑弥呼の時代、いや、その前の弥生時代、縄文時代……とさかのぼって考えます。

ところが、歴史がどこからはじまるかというのは、じつは国によってかなり異なっているのです。

たとえば、スイスで育った私の孫娘は昨年ジュネーブ大学に入りました。歴史学の専攻ですが、では、スイスの歴史の教科書がどこからはじまるかというと、「フランス革命（一七八九年）からだ」といいます。スイスですから、古代ギリシャやローマからはじまるのかと思っていたら、そうではない。フランス革命からはじまるというのです。

このように歴史というのはその国によってはじまる時代がまるっきり違うのです。

アメリカ人にとっての「歴史のはじまり」は、ピルグリム・ファーザーズが「メイフラワー号」で新大陸に到着した一六二〇年か、独立宣言が発せられた一七七六年でしょう。アフリカ系のアメリカ人にとっては、イギリスがバージニア植民地に黒人奴隷を入植させた十七世紀初頭にさかのぼるのかもしれません。同じアメリカ人でも、人種によって歴史の起源が異なるわけです。

そうすると、そこからどういうことがいえるか。

オバマ大統領にしても、ミシェル夫人にしても、あるいはライス補佐官にしても、優秀な成績で大学を卒業した人たちです。しかし、ヨーロッパの歴史で最も重要な最初の国際条約といわれる一六四八年の「ウェストファリア条約」の根本的精神を知らないのではないか、と思われるのです。条約名だけは、まあ、一応は知っているでしょう。しかし、あの条約の根本的重要性はほとんど認識していないのではないか。

そのために、安倍さんの靖国参拝に「失望した」などという愚かなコメントを発表することになったのではないか、というのが私の見方です。

「外国の宗教に口出ししない」というウェストファリア条約の重み

ウェストファリア条約のモットーは、ラテン語で“cujus regio《クイユス・レギオ》, ejus religio《エイユス・レリギオ》.”といいます。「領主の宗教が領民の宗教になる」という意味の言葉です。

一六一八年、現在のドイツを舞台にして、カトリック諸侯とプロテスタント諸侯の争いが勃発します。最初は宗教戦争でした。ところが、そこに周辺諸国が介入してきたため、戦況はきわめて複雑な様相を呈するようになり、日本でいえば戦国時代のように、麻のごとく入り乱れた戦いがつづきました。そんな戦争が三十年間にわたってつづいたため、「三十年戦争」と呼称されますが、ドイツ全土は荒れに荒れ、これ以上荒れようのないほどの荒蕪地《こうぶち》になってしまったのです。これは有名な史実です。

ドイツはそれまで「神の庭《ゴッテス・ガルテン》」と呼ばれるほど美しい風土を誇っていましたが、三十年間も戦闘が打ちつづいたせいで、人口は三分の一の七百万人に減ってしまったといいます。戦前と比較すると、じつに六〇パーセント以上の人口が消えてしまったのです。

一例を挙げれば、ヴュルテンベルクだけでも三十四万五千人が殺され、チューリンゲン地方の十九の村では一千七百七十三世帯がたったの三百十六世帯になってしまったといわれております。

そこで一六四八年、この悪夢のような「三十年戦争」を終わらせるために、ミュンスターとオスナブリュック（ともに現・ドイツ）で締結されたのが「ウェストファリア条約」でした。これは近代的な文明国間で結ばれた最初の国際条約。いいかえれば国際条約の第一号です。

三十年もの長きにわたる戦争に決着をつける条約ですから、その条項には国境の確定問題など、いろいろなテーマがありましたが、しかしいちばん重要なポイントは、先ほど指摘した"cujus《クイユス・》 regio《レギオ》, ejus《エイユス・》 religio《レリギオ》."にありました。「領主の宗教は領民の宗教」という意味です。ここから「原則として、他の領地（すなわち外国）の宗教に口出ししてはいけない」ということが演繹《えんえき》されます。

そのため、ウェストファリア条約が結ばれたあとは国家間の戦争で宗教がオモテに出ることはなくなりました。たとえ背景に宗教的な軋轢《あつれき》があったとしても、オモテには出さないのがルールになったのです。

ナポレオンがヨーロッパ中をあれだけ暴れまわっても「宗教の問題」が表面化したことはありません。普墺《ふおう》戦争（一八六六年のプロイセン・オーストリア間の戦争）、普仏《ふふつ》戦争（一八七〇年〜七一年のプロイセン・フランス間の戦争）、そして第一次大戦（一九一四年〜一八年）、いずれもプロテスタントの国とカトリックの国の戦争でしたが、宗教が問題にされたことはありません。

ヨーロッパにおいては、このようにウェストファリア条約が厳格に守られてきました。三十年戦争で、あれだけひどい目にあった結果、戦争に宗教を絡めると残酷きわまりない惨状を呈するということを身に沁《し》みて学んだわけです。戦争に宗教を絡めると、どうしても「敵は悪魔」ということになりますから、それだけはしない。それが"cujus regio《クイユス・レギオ》, ejus religio《エイユス・レリギオ》."というスローガンの重要性であり、意義なのであります。

ウェストファリア条約を理解していないオバマ政権

ところが、何ごとにも例外が出てきます。私の見るところ、その例外は第一次大戦後、二度ありました。

最初は、第一次大戦後、ドイツにヒトラーが登場して、ユダヤ人を殲滅《せんめつ》しようとしたときです。シェークスピアの『ベニスの商人』に見るように、ヨーロッパではユダヤ人に対して小さなレベルで意地悪することはずっと以前からありました。しかし、国家として断固としてユダヤ教徒を迫害しようとしたことはありません。ところがヒトラーは「ホロコースト」を国家の方針としたのです。これは明らかにウェストファリア条約を破るものでした。

文明国同士のあいだで、ある国家が他国の宗教に介入した二番目のケースは、ＧＨＱ（連合国軍総司令部）が占領下にある日本に対して出した「神道指令」（敗戦直後の昭和二十年暮れに出された国家神道の廃止命令）です。いまの日本人はすっかり忘れているようですが、「神道指令」こそは、ウェストファリア条約のほぼ三百年後に、アメリカという大国が当時の日本という敗戦国に対して真正面から宗教干渉をしためざましい例なのです。どう考えても、他人の国の宗教に向かって指令を出してはいけません。それにもかかわらず占領軍が「神道指令」を出したのは、太平洋を挟んだ対日戦争が、アメリカ人にとって宗教戦争的な色彩を帯びていたことを示しています。じっさい、大東亜戦争に際してアメリカは正義感に燃え、「〝迷信の国〟日本を倒すのだ」といきり立っていました。そのため、戦後、「神道指令」などという絶対に出してはいけない指令を出してしまったのです。

ついでに触れておけば、このときGHQは「靖国神社を焼き払ってしまえ」という考えさえもっていました。それに異議を唱えたのは上智学院（上智大学の設置者）のブルーノ・ビッテル神父でした。

ビッテル神父は上智大学の経済学の教授であるとともに、バチカンの代理公使の役をしていたのです。彼はGHQに対して、つぎのような趣旨の答申を送っています。

《自然の法に基づいて考えると、いかなる国家も、その国家のために死んだ人びとに対して敬意を払う権利と義務がある。それは、戦勝国か敗戦国かを問わず、平等の真理でなければならない。いかなる宗教を信仰する者であろうと、国家のために死んだ者は、すべて靖国神社に、その霊を祀られるようにすることを進言するものである》

かくして靖国神社は消失を免れたわけです。

アメリカもその後、正気に戻り、あれだけイラクを爆撃したブッシュ政権もイスラム教そのものにはひと言も口を出しませんでした。それはウェストファリア条約が世界の常識《コモン・ノリッジ》であることを知っていたからです。

ところが、戦争でもなんでもないまったくふつうの状況にあるときに、アメリカは今回、日本の首相の靖国神社参拝に遺憾の意を表したのです。これはきわめて異例な〝事件〟といわざるをえません。だから、私はその背景を文化的かつ文明的に考えてみたいと思ったのです。

今回の〝事件〟は、オバマ政権の中心にいる人たちが歴史の浅いアフリカ系アメリカ人であるため、ウェストファリア条約の重要性を認識していなかったこと——いいかえれば、宗教問題の恐ろしさを認識していなかったことを示しています。

これを逆にいえば、外国の政府が靖国神社参拝に遺憾の意を表明することは宗教問題であることを主張し、アメリカを説き伏せなかった日本の外務官僚の怠惰、あるいは無能ということになりましょう。日本人は伝統的に宗教に関して寛容なため、なかなかピンときませんが、ヨーロッパの人びとに向かって「アメリカによる靖国参拝批判は宗教的な干渉です」といえば、彼らはもう電撃のごとくにわかります。「原則として、外国の宗教に口出ししてはならない」というウェストファリア条約の精神が肌身に沁み込んでいるからです。

ところが、そうした電撃のごとくわかる説明を日本の外務官僚はしていないらしいのです。それは彼らも歴史について無知だからでしょう。私は、そのために日本が蒙《こうむ》ることになる国家的損失をとても恐れています。

いずれにしても、今回の靖国騒ぎはアメリカに関しては政権の劣化を、日本については官僚の劣化を示す象徴的な〝事件〟だったということができます。

それでも安倍内閣の支持率が高い理由

日本版ＮＳＣや特定秘密保護法の成立、そして靖国参拝に対して、日本の左翼系マスコミは中国や韓国からの批判と歩調を合わせるかのように、「安倍政権の右傾化、安倍首相の歴史認識に対して、世界から懸念の声が上がっている」などとネガティブ・キャンペーンを繰り返しています。

にもかかわらず、安倍政権は発足以来、高い支持率を維持しています。共同通信が二〇一四年一月末、安倍首相の靖国参拝から約一カ月後に発表した世論調査では、内閣支持率は五五・九パーセントとなっています。

要するに、あれほどマスコミが安倍叩きに奔走しても、国民はほとんど影響を受けていないのです。

第二次安倍内閣の発足からわずか一年あまりで、私がいちばん実感したのは、ひとりの首相の登場によって世の中の雰囲気ががらりと変わったことです。

東日本大震災（平成二十三年三月）および東京電力福島第一原子力発電所の事故への対応が後手にまわった菅（直人）内閣以来、日本列島を蔽《おお》っていた重苦しいムードは、安倍さんの〝再登板〟によって一気に吹き飛ばされました。

安倍内閣がスタートしたときの日経平均株価はやっと一万円台にへばりついているとい

った状態でしたが、それがいまでは一万五千円を突破しています。五〇パーセントもアップしたのです。二〇一二年に四・三パーセントあった完全失業率も二〇一三年十二月の統計では三・七パーセントに改善され、この春卒業予定の大学生の就職内定率は前年同期比一・六ポイント上昇の七六・六パーセントになっています。また、この三月期は企業の七割が増収増益、という発表もなされています。

こうした数字だけをとってみても、世の中の空気が民主党政権下のときと一変していることは明らかです。

公式の景気基調判断である内閣府の月例経済報告も、この一月の発表では「景気は緩やかに回復している」と述べています。これまでも「回復しつつある」といった表現はありましたが、「回復している」と断定したのはじつに六年ぶりのことでした。

潮目は完全に変わった、といっていいでしょう。

いま指摘した株価ですが、これが一・五倍になるというのはどういうことかといえば、株券で一億円もっていた人は五千万円の〝丸儲け〟です。汗をかかずに入るお金ですから、これは宝くじに当たったようなものです。そんな人が増えているわけですから、デパートの高級品が売れるようになったというのも事実でしょう。

ただし、景気がよくなったとしても、まだまだ油断はできません。政府や日銀はこれまでの三倍ぐらい、お札を刷っているわけです。ところが、まだそのお札が社会に出まわった形跡はありません。読者のみなさんにもまだ「オッ、お札がまわってきたぞ」という実感はないと思います。

では、だれが儲けているのかというと、ファイナンスに関係した人や金融関係者。これがいちばん儲けているという図式なのです。まだそういう段階です。

数年前のアメリカがそうでした。アメリカもドル紙幣をどんどん刷って三倍ぐらいにしたものですから、一応、不景気からは抜け出せました。しかし、失業率はたいして下がらない。巨額の儲けを手にしたのはやはり金融関係者だったからです。そのため、ウォールストリートに普通の市民（メインストリートの人たち）のデモが押しかけるという、アメリカとしては異常な事態も起こりました。アメリカ人も、ドル紙幣をたくさん刷るということは一応、景気減退の歯止めにはなるけれど、ものすごい格差を生み出すということに気づいたのです。一部の人はものすごく儲けたけれども、多くの人は恩恵に与《あずか》れなかったという思いが、「一パーセントvs九九パーセント」というキャッチ・フレーズに表れていました。

安倍さんの再登板によって日本のムードがよくなったことはたしかですが、この先に〝落とし穴〟があることも考えられます。その点は、安倍首相としても十二分にご注意されんことを願っています。

消費税アップが安倍政権に与える影響

いちばん気にかかるのは消費税の三パーセント・アップです。

平成九年（一九九七年）、当時の橋本（龍太郎）政権は消費税を三パーセントから現行の五パーセントに引き上げ、そしてせっかく回復ムードにあった景気の腰を折ってしまいました。

今回も、せっかく好転した景気と明るいムードが、この四月からの消費税アップで一気に冷え込まなければいいのだが……と、そこを心配しています。

今回の消費税アップは自民党の谷垣（禎一《さだかず》）前総裁が民主党の野田（佳彦）前首相に妥協して通した法案ですから、かならずしも安倍さんの意思とはいえません。しかし、麻生（太郎）財務大臣が「消費税アップは国際公約だ」といっているため、引き返すわけにはいきません。長期政権を狙う安倍さんとしては、党内に敵をつくりたくないし、また官僚を敵にまわしたくない……。そんな思惑もあって、結局、消費増税に踏み切らざるをえなかったというのが真相だと思います。

安倍さんは消費税を三パーセント上げることに、ずいぶん逡巡《しゅんじゅん》されておられましたが、ついにこの四月から三パーセント上げることを決断しました。その代わり、景気の腰折れを防ぐために「五兆円規模の経済政策を実施する」と断言された。あれこそ、安倍さんが考えに考え抜いたうえの決断だったと思います。

そして二〇一三年十二月、つぎのような「五兆円規模の経済政策」の中身を明らかにしました。

①競争力強化策——ここには、二〇二〇年の「東京オリンピック・パラリンピック」に向けた交通や物流網の整備、中小企業向けの投資促進などが盛り込まれています。
②女性・若者・高齢者・障害者向け施策——女性や若者の雇用拡大や賃上げの促進、高齢者や障害者への支援。
③復興、防災・安全対策の加速——いわゆる国土強靭《こくどきょうじん》化策《かさく》です。

④低所得者・子育て世帯への影響緩和、駆け込み需要および反動減の緩和——税率アップによるダメージ回避のため臨時給付金などの支給。
⑤経済の好循環の実現

それぞれの予算規模を見ると、①と③に重点が置かれていて、私は、これはこれでいいと思いました。ほんとうにうまく投資されれば、庶民に金がまわることになります。

日本ぐらい頻繁に地震が起こり、台風に見舞われ、しかも地形が険しい国はありません。自然災害を避けるためには、公共投資は一瞬も怠ってはいけないのです。たとえば、道路の壊れたところを直す、脆弱化したトンネルや高速道路を補修する、堤防を強化する、あるいは東京都内の踏切をなくす……。そういうところに金を使えば、五兆円が生きてくるはずです。

公共投資といえば、すぐに悪者扱いされますが、しかし、多くの労働者が働けるような、そしてその労働者が金を落とす店やショッピング・モールが儲かるようなかたちをつくれば、消費税アップによる景気の腰折れは避けられると思います。そういう金のまわし方をしないと、せっかくのアベノミクスも単に金持ちだけを儲けさせて、格差を大きくするだけになってしまいます。そんなことだけは避けなくてはなりません。

もうひとつ、公共投資に関して不安なのは人手が足りないという現実です。民主党政権がずっと公共投資を抑えてきたため、地方の建設業者や土木業者が「今後の見通しが立たないから」といって廃業したり、潰れたりしていきました。そんなところに大津波がきて、さらにダメージを受けています。それが東日本大震災の復興が遅れているひとつの理由だといわれています。そんな状態のもとで、①競争力強化だ、③復興、防災・安全対策の加速だ、といってもはたしてうまく対応できるのかどうか……。

そのあたりが少々気になるところです。

第二章　中国・韓国の反日にどう対抗すべきか

一国の勃興にはそれほど時間を要さない

いまやＧＤＰ（国内総生産）で日本を抜き、世界第二位の経済大国となった中国は非常に尊大な態度で振る舞うようになりました。尖閣諸島の問題にしてもそうですが、なんの根拠ある理由も示さずに領有を主張してきます。

そもそも、中国が尖閣諸島の領有権を主張しはじめたのは昭和四十三年（一九六八年）、尖閣近海の海底調査で石油や天然ガスなどが大量に埋蔵されていることが確認されてから以降のことです。そして、いまでは勝手にガス田で天然ガスの生産をはじめています。

日本の外務省の弱腰をいいことに、地図まで改竄《かいざん》して領有権を主張したり、日中中間線を越えて鉱区を設定したり、無法のやり放題です。「盗っ人猛々しい」とは、まさにこのことでしょう。

だが、考えてみれば中国が威張り出したのはこの二十年ぐらいのことで、きわめて新しい現象です。

一九四九年に中国共産党の手で建国されたころは、みな貧しく、その後も彼らは、日本に働きにきて「数年働いて帰ると家が建つ」などといわれた時代が長くつづきました。主席・毛沢東の「文化大革命」（一九六六年〜七七年）の失敗により経済は停滞、さらには民主化を求める学生や一般市民数千人を虐殺した「六四天安門事件」（一九八九年）によって外交制裁を加えられたときは、わが国に「天皇訪中」を懇願してきたほどです。今上《きんじょう》陛下《へいか》に中国を訪れてもらうことで、世界中の厳しい目をなんとか和らげたい……という狙いがあったことはいうまでもありません。

そんな魂胆にまんまと乗ったのが時の宮澤（喜一）首相でしたが、このリベラルな首相の〝罪〟は本題ではありませんので、いまは触れませんが、その後、一九九三年に江沢民が主席の座に就くと、「天皇訪中」の恩を仇《あだ》で返すかのごとく、とたんに頭《ず》が高くなったのです。

共産党一党独裁に対する国民の批判を逸らそうと考えた江沢民は、一気に反日教育を強化しました。その〝洗脳〟を受けた子供たちがいまや成人や青年になっていますので、中国人の反日はますます募る一方です。そのかたわら、日本からのＯＤＡ（政府開発援助）や共産党の意のままにできる経済政策によって経済成長の波に乗りはじめます。すると世界中で威張り出すようになったのです。

歴史を顧みても、ある一国が自信をもつには時間はあまり必要としません。半世紀から八十年間ぐらい大いなる成功がつづけば、その国は胸を張れるようになるのではないでしょうか。

わが国を例にとれば、明治維新が一八六八年。その後、日清（一八九四年〜九五年）、日露（一九〇四年〜〇五年）の両戦役に勝利して、第一次世界大戦（一九一四年〜一八年）ののちには五大国の一角を占めるようになりました。ざっと半世紀で列強の仲間入りした計算になります。

西ヨーロッパを見ても――オスマン・トルコの海軍を教皇・スペイン・ヴェネチアの連合軍が撃破したレパントの海戦（一五七一年）あたりまで、地中海は〝イスラムの海〟でした。ウィーンなどは十七世紀に入ってからも、オスマン・トルコの軍隊に攻囲され、落城寸前まで追い込まれています（一六八三年）。このように、十七世紀あたりまでは西ヨーロッパといえども、さしたることはなかったのです。ところが、自然科学が発達しはじめ、イギリスが石炭を使うことを覚えて産業革命が起こると（十八世紀中葉）、飛躍的な発展を見せるようになりました。

したがって、西ヨーロッパもだいたい百年ぐらいで大発展するようになったといっていいでしょう。

以上のように、一国あるいは一地域が飛躍的に発展し、それによって自信を深めるようになるにはそれほどの時間は要らないのです。

この二十年ぐらいのあいだに自信を深めた中国は、これからはもっと威張りだす可能性があります。われわれからいわせれば非常に迷惑な話ですが、中国がさらに、世界でのさばる恐れは十二分にあると覚悟しておかなければなりません。

わが国にとって中国と韓国は世界一の「非友好国」

中国のような〝無法国家〟が隣にあるというのは、まったく傍迷惑《はためいわく》な話です。安倍首相が再登板してからもう一年以上も経つというのに、会談ひとつもとうとしません。それでいて、安倍さんが靖国神社を参拝すると、第一章で引いたような非難の談話を発表するのです。

中国の〝属国〟ともいうべき韓国も、朴槿恵《パククネ》大統領発足以来、軌を一にしています。

わが国は、韓国とは一九六五年に「日韓基本条約」を結び、中国とは一九七八年に「日中平和友好条約」を締結しています。そもそも国交正常化条約というのは、お互いに戦争するような仲であったけれど、条約を締結することによって「過去のことは水に流しましょう」という了解事項です。本来の精神からいって、条約締結以前の過去の話は、蒸し返さないのが常識です。国交正常化条約とは、民間レベルでいえば示談が成立したようなものです。いったん示談が成立したというのに、過去にさかのぼって「やいの、やいの」というのは、やってはいけない話なのです。そんなことはやくざだってやりません。

ところが、中韓両国はご存じのとおり、国交正常化条約締結後も「尖閣だ」「独島《ドクト》（日本の竹島）だ」「慰安婦だ」と、難癖ばかり吹っかけてくる。明らかに、やくざ以下です。

わが国は長いあいだ中韓両国を「友好国」扱いし、歴代政権は譲歩に譲歩を重ねてきました。経済協力もし、ＯＤＡも出し、あれこれ難癖をつけられても、それほどの反論はしないできました。そうした〝弱腰外交〟はたしかに問題でしたが、しかしそれも中韓両国を「友好国」と思えばこそ……という一面があったこともまた事実です。

しかし、その結果は今日《こんにち》見るがごとくであります。

日本側のあらゆる努力をいっさい無視して、イチャモンをつけてくるばかりです。その意味では、わが国にとって中韓両国こそは「非友好国」の横綱といわざるをえません。

中韓両国にとって「友好」とは、日本がなんでも彼らのいうことを聞くことなのです。彼らとのあいだでは、「友好」という言葉は一般的な意味を失っています。わが国が「ハイ、ハイ」とうなずくのではなく、彼らの嘘や誤り、犯罪などを指摘するや、もうそれだけで「日本は友好関係に亀裂を入れた」と騒ぎ立てる。自分たちにとって都合の悪いことはすべて「友好」に反する事柄にしてしまうのです。

挙句の果ては、なにやらのひとつ覚えのように先の戦争をもち出してくる。そんな光景はウンザリするほど目にしてきました。

それどころか、韓国でも李承晩《イスンマン》と並ぶほど反日的だった大統領・盧武鉉《ノムヒョン》など、小泉首相が日韓首脳会談の開催地を鹿児島にすると提案すると、「そこは征韓論を唱えた西郷隆盛の生地ではないか」といって、なんと百年以上も前の「征韓論」をもち出して難癖をつけてきました（平成十六年）。とてもではないが、こんな中韓両国とは付き合いきれません。むしろ義絶すべきでしょう。そうなって困るのは相手方であって、日本ではありません。

安倍首相も両国との首脳会談など、急ぐ必要はこれっぽっちもありません。泰然自若としていればいいのです。中国も、韓国も、経済の雲行きが怪しくなれば向こうのほうから会談を申し入れてくるに決まっています。

とりわけ韓国などは、サムスン電子の不調もあいまって経済状態の悪化が予想されています。世界に向かって日本の悪口を告げまわっている朴槿恵《パククネ》大統領など、窮地におちいった挙句、わが国に救いを求めてくるのではないでしょうか。その確率はかなり高いと見ています。

日本人が知らない中国・韓国の〝本性〟

わが国に対する中韓両国のこうした高姿勢はなにに由来するかというと、歴史に関する誤解ないし無知にほかなりません。

中国は、わが国が漢字を使用しているため「シナ文明」に属する国だと勘違いしているのではないでしょうか。みずからを盟主とし、「周辺諸国は朝貢にやってくるべきだ」という華夷秩序《かいちつじょ》に凝り固まった中国は、日本を朝鮮同様の属国と見なしたいのです。

しかし、日本は朝鮮と違って、シナの華夷秩序の下に入ったことは一度もありません。それは、古代、聖徳太子が隋《ずい》の煬帝《ようだい》に「日出《い》ずる処《ところ》の天子、書を日没する処の天子に致す。恙無《つつがな》しや、云々《うんぬん》」と書き送り、対等の立場からものをいっていることが隋の文献からも明らかですし、近くはハーバード大学のサミュエル・ハンチントン教授が『文明の衝突』（集英社）のなかで、日本文明を中華文明圏とは別の《孤立した国家（文明）である》と規定していることからも証明されます。

朝鮮（韓国）はまったく別です。李氏《りし》朝鮮は建国以来、シナの冊封《さくほう》を受けて臣下となっていたからです。

そもそも、李朝を興した李成桂《りせいけい》自身、明《みん》の軍人で、戦《いく》さで手柄を立てたので、明から権《けん》知朝鮮国事《ちちょうせんこくじ》（朝鮮王代理）に封じられ朝鮮王となったのです。「朝鮮」という国号にしても明からもらったものでした。そこで、李朝の太祖・李成桂は明の官服や明の年号を使っています。

ひと言でいうなら、朝鮮はシナの一部でした。

中華思想からすれば、朝鮮半島までが小中華であり、海を越えた向こうにある日本は東《とう》夷《い》の世界であると、韓国人は認識していたに相違ありません。いうまでもなく「東夷」というのは蔑称です。

それゆえ、李朝以来、朝鮮半島ではわが国の天皇陛下を「日王《にちおう》」と呼びならわしてきました。李朝のトップが「王」なのに、日本のトップがシナのトップ「皇帝」と同格の「天皇」であることは、なんとしても許せなかったのです。

　しかも、「日王」を戴く「東夷」が日清戦争では清国を破り、前述したごとく、やがては列強の一員となったのですから、韓国人にすれば悔しくて眠れなかったことでしょう。彼らの心中は察するに余りありますが、しかし、それが歴史の厳然たる流れだったのです。

　以上のような歴史がありますから、韓国人はいまでも中国に対しては卑屈で、日本に対しては傲慢です。

　周知のとおり、一九五〇年（昭和二十五年）に朝鮮戦争が勃発すると、毛沢東が大量の人民解放軍を朝鮮半島に送り込んで、半島は一大戦場と化しました。北朝鮮に味方して、韓国に攻め入った中国軍は明らかに「侵略戦争」に加担したわけです。その結果、韓国軍は約二十万人の死傷者を出し、一般市民にも四十万人以上の犠牲者が出ています（推計）。それにもかかわらず、朝鮮戦争が収束したあと、毛沢東は韓国に向かってひと言も謝らなかったし、韓国も中国に対して謝罪を要求しませんでした。国土を破壊し尽くされ、莫大な人的・物的被害をこうむったのに、韓国は声を上げなかったのです。

　一九九二年（平成四年）、中韓両国のあいだに国交が樹立されたとき、朝鮮戦争の被害について「中国政府が謝罪するのでは……」という情報が流れたことがあります。しかし、もちろん、あの中国が頭を下げるはずはなく、また韓国が中国に謝罪を要求するはずもなく、その一件は沙汰《さた》やみとなりました。

日本に対してはことごとく文句をつけてくるあの韓国が、中国に対してはこのように沈黙を守ったままなのです。

韓国人は中国に対して〝属国〟意識が抜けていないのです。強い者・大きな者に事《つか》えるという事大主義《じだいしゅぎ》にからめ捕られているためです。だから、中国が日本に対して高飛車に出れば、己《おの》れもその尻馬に乗って高姿勢になる……。

それが現在の中国国家主席・習近平氏と韓国大統領・朴槿恵女史の立ち位置だといって間違いありません。

したがって、韓国は論じるに足りず。話を中国一国に絞ります。

独断的な「防空識別圏」設定でも中国のメンツは丸つぶれ

二〇一三年十一月二十三日、中国はいきなり東シナ海上空における「防空識別圏」の設定を発表しました。

防空識別圏というのは、自国の領空に接近してくる他国機をつねに監視して、それに対してスクランブル（緊急発進）をかけるかどうか、それを判断するために設定する空域です。この防空識別圏はふつう自国の領空よりも広範囲に設定されています。そうした防空識別圏は多くの国々が設定していることであり、わが国も昭和二十年にＧＨＱが制定した空域を防空識別圏としています。したがって、中国が防空識別圏を設定したからといって、それ自体に目くじらを立てる必要はありません。

ところが、今回、中国が設定したのは以上のような一般的な防空識別圏とは性格がまったく違うのです。

第一は、中国が設定した防空識別圏には尖閣諸島上空がすっぽり包まれていることです。日本の領空まで自国の防空識別圏に入れてしまったのです。まさに前代未聞。こんな暴挙は見たことも聞いたこともありません。

日本政府は当然、それを拒否しました。

第二に、中国の防空識別圏は中国の領空に接近してくる航空機だけでなく、その識別圏を飛ぶ航空機すべてを対象にしていることです。そして設定空域を飛ぶ航空機には「飛行計画」の届け出を求めています。

これでは「防空識別圏」ではない。防空識別圏を超拡大解釈して、自国の「領空」とするようなものです。海も島も、今度は空も「おれのものだ」と、ずうずうしくもいい出したわけです。

日本はもとより、アメリカにしても、指をくわえてそんな暴挙を見逃すはずがない。今回、中国が設定した防空識別圏には、在日米軍が飛行訓練する空域の一部もふくまれていますから、日本政府が「そんな防空識別圏はいっさい認められない」と猛烈に抗議すると、アメリカ政府も「この地域における米軍の軍事作戦にいっさい変更はない」という声明を発しています。

そして十一月二十六日、米軍は中国のいう防空識別圏内にB52爆撃機二機を飛ばしました。もちろん、事前通告はナシ。中国サイドからスクランブルが無かったことはご存じのとおりです。

その翌日、中国国防省は「中国軍は米軍機をただちに識別した」と発表しましたが、それは識別しただけで、手も足も出なかったことをみずから告白したようなものでした。

二十八日には、自衛隊機も中国の設定した防空識別圏内を飛行しました。中国軍がスクランブルをかけてくることは、やはりありませんでした。

ここで十一月三十日付の産経新聞の記事を読んでみましょう。

《小野寺五典《おのでらいつのり》防衛相は30日午前、中国国防省が東シナ海上空の防空識別圏に入った自衛隊機と米軍機に対し戦闘機の緊急発進（スクランブル）を行ったと発表したことについて「急に航空機が接近してくるなど特異な状況として公表する事態はない」と否定した。都内で記者団に語った。

小野寺氏は「今回の防空識別圏のことで対応を変えることはない」とも述べ、自衛隊機で尖閣諸島（沖縄県石垣市）上空の警戒監視活動を継続する意向を示した》

つまり中国は、米軍のB52爆撃機や自衛隊機が通告もなしに防空識別圏へ飛んできても、なんの手も打つことができず、通過を許してしまったということです。

自衛隊のさる幹部から聞いた話ですが、「中国軍の航空隊にはまだスクランブルをかけるだけの能力がない」そうです。したがって、中国はあまりにも常識外れの防空識別圏を設定してみせたものの、スクランブルをかける技術がないために、結果的にはごくふつうの防空識別圏に終わったといえましょう。日米両国にとっては慶賀すべき出来事ですが、習近平および中国人民解放軍にとっては〝メンツは丸つぶれ〟を意味する大失態でした。

中国の軍事力ではまだ戦争はできない

つぎに問題にしたいのは、中国の軍事力はどれほどであるのか、また戦争の用意があるのか、といった問題です。

後者から見ていくと、いま触れた防空識別圏の設定からもわかるように、きわめて覇権的な意思があることは確実です。尖閣諸島周辺の海域に、終始、海警局の船を航行させていることは周知のとおりです。ただし、戦争する意思があるか、その余裕があるか、という点になると、その余裕はないと見ていいでしょう。

戦争するとなったら、やはり一年ないし二年かけて準備する必要がありますが、そこまでの気配はうかがえませんから、いまのところ戦争する気はないと見て間違いないでしょう。

では、前者・軍事力のほうはどうか。

中国は秘密主義の国ですから、軍事力に関しても正確なデータは公表していません。そこで『2013年 ミリタリーバランス』（イギリス国際戦略研究所発行）を参照すれば――二〇一二年時点での人民解放軍の員数は、現役兵が二百二十八万五千人、予備役が五十一万人と推定されています。

戦闘機を見ると、ロシア製のSu－27およびSu－30を導入するかたわら、国産のJ－10戦闘機の量産を進めているようです。

船のほうはどうかというと、駆逐艦、フリゲート艦、弾道ミサイルを搭載した原子力潜水艦、攻撃型原子力潜水艦、そして航空母艦……と、ラインアップはそろっているようです。もっとも航空母艦は、ウクライナから買った建造途中の空母をやっと一艦完成させたところのようです。二〇一二年に、それを「遼寧《りょうねい》」として就役させていますが、この空母に関しては興味深い話を聞いたことがあります。――空母に戦闘機を発着させる操縦技術をもった飛行士は五人しかいなくて、その名前もわかっているという話です。まあ、今後はもっと増えるでしょうが、現在はそういう状況だといいますから、いま急に戦争がどうこう……ということはありえません。

しかも、空母「遼寧」の艦載機を開発した責任者が初の発着訓練に成功した直後、心臓発作で急死したと伝えられているのです。「なんとしてでも成功させなくては」というプレッシャーが強くて、よほど緊張したせいでしょう。

また、「遼寧」にはカタパルト（射出装置）が装備されていないため、艦載機はスキーのジャンプ台のようなところを自力で滑走して、そして飛び上がらなければならないそうです。

通常、飛行機は二千メートルぐらい滑走してから飛び上がりますが、空母の艦載機の場合は、発艦に百メートル、着艦に二百メートルぐらいしか許されません。そのため、空母ではカタパルトを使って飛ばすわけです。カタパルトの原義は「投石器」ですから、昔懐かしいパチンコで小石を飛ばすように、艦載機を飛ばすわけです。わずか二秒ぐらいで時速三百キロまで加速させるといいます。

中国の「遼寧」はそのカタパルトを装備していない。カタパルトを装備していないと、短時間に多くの艦載機を発艦させることができませんから、いざ実戦となった場合、カタパルトという推進システムがあるか否かで、攻撃力はまったく違ってしまうのです。そこからしても、中国の空母はまだまだ……と評していいでしょう。

ということで、とりあえず戦争の恐れはないと思われます。

しかし、油断はならない。「ソ連の真似だ」といわれていますが、盛大に宇宙開発を推進し、ついに二〇一三年十二月には無人月面探査機「嫦娥《じょうが》3号」の月面軟着陸に成功しています。これは日本がやっていないことです。そんなことまでやっているというのは注目すべき事実であり、われわれとしても、ゆめゆめ油断してはなりません。

中国の核とアメリカの〝ポイ捨て体質〟こそ日本の脅威

もうひとつ大きな問題は中国が核をもっていることです。

核をもっている国同士は戦争しない、ということはこれまでの歴史が証明しています。アメリカと旧ソ連も、キューバ危機（一九六二年）という危うい場面はありましたが、ついに開戦には至りませんでした。もしも核がなかったら、一九五六年にソ連軍がハンガリーの民衆蜂起《ほうき》を弾圧したハンガリー事件のころ、米ソ間で戦争になっていたと思います。旧東ドイツも戦争の火種になっていたのではないでしょうか。すると、それが第三次世界大戦につながっていたかもしれない。しかし、米ソ両国が核をもっているため、さすがに乱暴なことはできなかったのです。

核によるにらみ合いという情勢のせいで、アメリカ国務省の政策企画本部長だったジョージ・ケナンの「ソ連封じ込め政策」が功を奏したのは間違いありません。

東西対立の冷戦時代、ソ連を中心とする東側の共産圏に対して、西側はアメリカ、カナダおよびヨーロッパ諸国でＮＡＴＯ（北大西洋条約機構）という軍事同盟を結び、集団的自衛権を確立しました。それが理由で、戦争になったでしょうか？　なりません。それどころか、ソ連の崩壊を導きました。それもこれも、核を配備した国同士では戦争できない、という〝鉄則〟があるためです。

現在では、インドもパキスタンも核をもっていますが、彼らももっているだけで使いません。にらみ合いをつづけているだけです。インドと中国。これも対峙し合うだけで、お互いに手出しはしない。

このように核というのは保有国同士では使いませんが、核をもっている国（haves）と、もたざる国（have-nots）が衝突しそうになったらどうか？　核をもっている国が絶対的に有利な立場になります。

そこで、世界の大国を見まわしたとき、核をもっていないのは日本ぐらいのものです。ドイツはアメリカと〝核シェアリング〟していますから、実質的な核保有国といってかまいません。わが国だけが世界の一等国のなかで核を保有していないのです。隣に中国という覇権国家を控えながら丸裸であり、これはまことに憂うべき事態です。

あるいは、「日本はアメリカの核の傘の下にあるじゃないか」といわれるかもしれません。では、アメリカがどのくらい信用できるかというと、これがじつに心許《こころもと》ないのです。それは歴史を見て判断するのがいちばんです。

アメリカは、いざとなると同盟国を捨てる国であることに注意すべきです。

私がいちばん驚いたのは、大東亜戦争が終結すると蒋介石をポイと捨てたことです。アメリカは日本を叩くべく一所懸命に蒋介石を応援していました。武器弾薬、食糧、資金……なんでも与えた。だから蒋介石の国民党軍は日本軍と戦えたのです。もしアメリカが蒋介石を援助していなかったら、シナ事変（昭和十二年）など、とっくの昔に終わっていたはずです。

そもそも、シナ事変は日本の連戦連勝でした。ですから、わが国は「このあたりで矛《ほこ》を収めようではないか」と、何度も停戦の働きかけをしました。ところが、日本側が少しでも停戦の動きを見せると、向こうは敗戦つづきにもかかわらず、居丈高になるのです。彼らは、日本が停戦の動きを見せているのは臆病になったからだ、という受け止め方をする。中国人のメンタリティにはそういうところがあるのです。

負けつづけている蔣介石サイドがそんな態度では停戦がまとまるはずもない。

そんな蔣介石軍をアメリカは後押しした。それがなければ、シナ事変は早期解決していました。したがって、大東亜戦争にしても勃発していません。

それほどの盟友を捨てたのがアメリカです。

その蔣介石と犬猿の仲であったコミュニスト毛沢東には大戦終結後もソ連が援助をつづけましたから、どうですか……戦後の国民党と中国共産党の「国共内戦」では毛沢東が勝ってしまったではありませんか。そこで〝赤い中国〟が生まれたのです。

だから私は、アメリカは共産・中国をつくるために日本軍を叩いたのですかと、ぜひ、訊いてみたい。

ベトナムでも、あれほど南ベトナム政府を支持していたのに、アメリカ国内に反戦ムードが高まると、やはり途中でポイと捨ててしまった。そのせいで多くの難民が国外へ逃れ、ベトナムもやはり共産主義者の手に落ちてしまいました。

最近のイラクやアフガニスタンも同様です。途中で投げ出し、さっさと軍隊を引き上げてしまう。

だから日本も「アメリカから見捨てられる可能性はある」ということを頭の片隅に入れ

ておく必要があります。

　ただし、捨てるに惜しければ、アメリカも日本を捨てません。ということはどういうことかというと、軍事的にアメリカと信頼関係を築けていれば、捨てないであろうということです。安倍首相が「集団的自衛権が必要だ」と盛んに力説している背景にはそういう意味もあるのです。

日本の取る道は核武装ないし〝核シェアリング〟

　究極的には日本も核武装できるところまでいくのがいちばんだと、私は考えています。核武装するといっても、日本は国土が狭いですから、核を搭載した潜水艦を太平洋に浮かべておけばいいでしょう。これは捕捉されません。広大な太平洋を、それも海に潜って遊弋《ゆうよく》するわけですから、相手にすればわが潜水艦がどこを航行しているか、なかなかわからない。そして、その潜水艦から核ミサイルを発射できるようになれば、中国とも対等の話ができます。

　現在、自衛隊がもっている潜水艦は二十隻弱ですので、これを倍増して、そこに核ミサイルを搭載すれば十分抑止力になります。間違いなく東アジアの〝ピース・メイカー〟になるでしょう。

もっとも、集団的自衛権や特定秘密保護法などでさえ、「さあ、議論しよう」というとワーワー騒いで邪魔立てする〝為にする人びと〟が跳梁《ちょうりょう》しているのが現状ですから、核武装する前に可能性として考えられるのは、ドイツ並みに〝核シェアリング〟することです。

亡くなられましたが、外務次官やオーストリア大使、アメリカ大使、ドイツ大使を歴任された気骨ある外交官・村田良平さんも『村田良平回想録』（ミネルヴァ書房）のなかで同様の意見を述べておられます。

《米国を説得して、日本も一定の極めて限定的な核戦力（あくまで報復力たる抑止力）を保持する途が探究されるべきだ。（中略）

例えば、すでに一九六〇年代のＮＡＴＯにおいて開始された「核シェアリング」（「二重の鍵アレンジメント」とも俗称される）と類似の合意が日米間で可能か否かは研究の価値があるのではないか。（中略）戦術核兵器（砲、ミサイル、航空機の爆弾の三種）は米国が保有しているが、ソ連による攻撃で防衛上どうしても核なくしては防げないとの判断の場合には一定数（ドイツの場合一五〇発）の核弾頭が米国から譲渡され、その後はドイツならドイツが、自国防衛のため自らの判断のみでこの爆弾を使用できるとの約束である》（下巻）

そのとき、問題になるのがアメリカの姿勢と日本側の積極性です。どういうことかといえば、アメリカはいまのところ日本に〝核シェア〟をやらせたがらないし、日本サイドもどうも積極的にもとうとしないというハードルです。アメリカは、日本が核をもつことを非常に恐れているのです。いまでも怖がっていると思います。というのは、広島・長崎に原子爆弾を落とした〝過去〟があるからです。

東京裁判のなかでも、元陸軍次官・梅津美治郎《うめづよしじろう》被告の弁護を担当したB・ブレイクニー弁護人（米）はアメリカの原爆投下を「戦争犯罪だ」として追及しています。彼が原爆投下について言及すると、即座に同時通訳がストップされたというのは有名な話です。そのブレイクニー弁護人がウェッブ裁判長（豪）とこんなやりとりをしているのです。

のか。

《裁判長　仮に原爆投下が戦争犯罪であるとして、それが本訴追にどのような関係があるのか。

弁護人　幾つかの返答が出来るが、その一つは報復の権利である》（傍点・渡部）

ブレイクニー弁護人はアメリカ人です。その彼が、原爆を投下された日本には「報復の権利がある」と断言したのです。国際法においては、敵側が違法な行為をすれば、それに対して報復する権利が生ずるというのが論拠でした。

いまの日本で、アメリカに向かって「復讐《ふくしゅう》権」を行使しようと考えている人はいないだろうと思いますが、原爆を落として何十万人という日本人を殺したアメリカのほうは、気持ちの奥底で罪悪感を抱いているのです。心がいつまでも痛んでいる。

同時に、アメリカ人はやはり「米軍と四年近くも死闘を演じた日本軍は強い」と思っています。「ほんとうに怖いのは中国ではなく日本である」という思いが依然としてあるように思います。だから〝シェア〟とはいえ、日本にだけは核をもたせたくない。そういう懸念が抜けないから、心のどこかに、日本にだけは〝核シェアリング〟させたくないという思いがあるのです。

そこで、先の村田良平さんは生前どう考えていたかというと――、

《米国がこれ（日本が核抑止力をもつこと―渡部注）をあくまで拒否するのなら、在日米軍基地の全廃を求め、併せて全く日本の独力によって通常兵器による抑止力に加え、フランスの如く限定した核戦力を潜水艦に用いて保持するというのが論理的な帰結であろう》（同上書）

こうした気骨ある外交官は、いまの官界から払底《ふってい》してしまいました。村田さんのこうした提言はまさに彼の〝遺言〟だったというべきです。

アメリカが中国より日本のほうが怖いと思っているのは、中国はこれまで戦争に勝った経験がないせいもあります。アヘン戦争（一八四〇年～四二年）からこのかた、日清戦争には敗れるわ、義和団の乱（一九〇〇年）では列強にとっちめられるわ、ベトナムとの中越戦争（一九七九年）も一か月足らずで退却してしまうわ、まさに負けつづけです。戦争に勝ったことがないのです。まあ、自分たち同士の内戦やインドとの小競り合いではちょっとした勝利を経験したこともありますが、本格的な戦さを戦って、そうして勝ったこと

がないのが歴代のシナの軍隊なのです。

そして現在の中国軍（人民解放軍）についていえば、日本軍と戦ったことはほとんどありません。シナ事変で日本軍と戦ったのは蔣介石の国民党の軍隊であって、毛沢東の共産党軍ではなかったからです。いまの人民解放軍が勝ったことがあるのは、自分たちの国の民衆に対してだけです。

そんなこともあって、アメリカは中国をほんとうに怖いとは思ってないと察することができます。

油断できない中国・韓国のロビー攻勢

では、中国の脅威は存在しないのかといったら、もちろんあります。さしあたって問題にしなければいけないのは彼らの外交攻勢です。

文化大革命時代「批林批孔《ひりんひこう》」と騒ぎ立て、孔子および孔子が説いた儒教、それからその儒教を復活させようとしているといって当時のナンバー2の林彪《りんぴょう》が激しく批判されたわけですが、そのとき孔子の像などをぶっ壊した連中が、いまはそんなことはケロリと忘れ、世界各国に「孔子学院」をつくって文化宣伝に本腰を入れているのです。

孔子学院は、ドイツ政府がドイツ語の普及のために世界中に設立した国際的な文化交流機関「ゲーテ・インスティトゥート」のマネをしたのだと思いますが、中国語や中国文化の教育および宣伝を目的とした機関です。儒教を広めようという目的はないようですが、自国の世界的聖人・孔子をもち上げはじめたというわけです。

中国政府が金を出して、イギリスなどの大学に中国語の講座をつくっています。日本の講座は、予算がなくて廃止になっているところが多いようですが、安心してはいられません。なんとなれば、「孔子学院」を世界中につくるというのは、世界革命を輸出しようとした旧ソ連のコミンテルン（共産党の国際組織）の手法をマネしている、という説もあるからです。

また、中国が欧米のシンクタンクに金をばら撒《ま》いていることにも気をつける必要があります。これも非常に怖いのです。

シンクタンクというのはヒモ付きでなければ公正な議論をします。しかし、いったんヒモがついたら公正ではなくなる。中国はいまアメリカのシンクタンクにも莫大な金を出していますから、これまで中立的な論調で日本にも理解を示したシンクタンクが急に中国の肩をもつようになる危惧《きぐ》もあります。

それから米議会におけるロビー攻勢も油断できない。そこで思い起こされるのは、第一次安倍内閣の失態です。

安倍首相は平成十九年四月の訪米時、アメリカの議会で日本の「従軍慰安婦問題」が取り上げられているのに、適切な処理をしなかったのです。

私はそのときの状況をわりによく知っております。というのは、安倍首相ご自身の口からこう聞かされていたからです。――いま米議会で慰安婦問題が俎上《そじょう》にのぼっているけれど、外務省当局は「心配する必要はない」といって、つぎのようなアドバイスをしてきたといっておられました。「アメリカ側もいまさら旧日本軍がどうのこうのと、しつこくいってくるはずがありません。したがって総理は『二十世紀はいろいろ人権に関する問題がありましたが、これからはそんなことが起こらないよう努力していかなければなりません』といった趣旨のことをお話しされて、軽く流されるのがいちばんです」と。そしてブッシュ大統領との会談に際しても、「慰安婦問題が話題に出ないようにお膳立てしておきます」と、外務省はレクチャーしたそうです。

ところが、訪米してみると慰安婦問題が飛び出してきたのです。

当時のブッシュ大統領もこんな問題で安倍首相を追い詰めるつもりはなかったはずですが、アメリカの政治は日本と違って、真の意味で三権分立が確立されています。だから、慰安婦問題が飛び出してしまったのです。

「日本も三権分立ではないか」といわれるかもしれません。しかし、日本の場合は立法府（議会）の多数党が行政府（政治）を握っています。ですから、じつは「立法＋行政」と「司法」の〝二権分立〟なのです。それに対してアメリカは厳密な三権分立なのです。行政府と立法府は関係がない。したがって、いくらブッシュ大統領が日本の外務省に「慰安婦問題は出さない」と約束しても、議会のほうから出てきてしまったらもう止めようがない。大統領といえども議会には口を出せないのです。

そこで議会側の攻勢を避けるべく、安倍首相はアメリカ議会の上下両院幹部との会談の席上、慰安婦問題に関して、「個人として、また首相として、同情し申し訳ないという気持ちでいっぱいだ」といわざるをえなくなってしまったわけです。

これを見て、私費を投じて「ワシントン・ポスト」紙に意見広告を出したのが作曲家のすぎやまこういちさんでした（同年六月）。

①軍による慰安婦の強制連行は無かった。
②民間の悪徳業者は処罰された。
③インドネシアで起きたオランダ人女性の事件は軍末端の暴走で、その責任者は処罰されている。
④元慰安婦の証言がくるくる変わっているのを見てもわかるように、その証言には信《しん》憑性《ぴょうせい》が薄い。
⑤公娼制度のあった当時のことで、佐官級の収入を得ていた慰安婦も少なくない。

以上、五つの主張を掲げた紙面が功を奏したのか、「従軍慰安婦問題の対日謝罪要求決議」には当初百人以上の議員賛同者がいたのに、実際の投票には十人も出席しなかったといいます。しかし形式上は、米下院において「対日謝罪要求決議」が満場一致（十人くらいでもそうなります）で可決されたことになってしまったのです（同年六月）。

そうした「決議」を放っていたため、二〇一三年あたりから韓国人がアメリカで〝慰安婦〟の像などを建てて騒ぎはじめていることは周知のとおりです。それを奇貨として、中国までもその動きに同調しています。アメリカ議会の「決議」はたとえ片々たるものであろうとも、彼らにすれば〝錦の御旗〟になるのです。

では、それに対して日本がどういう手を打っているかというと、アメリカ在住の日本の人たちがか弱い力を合わせて反論しているだけで、国としてはまだほんとうに強力な反駁《はんばく》を行っていないのが実状です。

みずから蒔《ま》いた種でもあるのですから、安倍首相には凛《りん》とした対応を期待しています。

「真実のシナの歴史」を世界中に広めよ

私が考えている対抗策は、特効薬とはいえませんが、中国を牽制《けんせい》するために「真実のシナの歴史」を世界中に広めることです。

たとえば、中国はいま「尖閣列島は日本に奪われた」といっています。

そんなことはありません。あそこは無人島だったのです。だからこそ日本政府（外務省）も、つぎのような「尖閣諸島についての基本見解」を発表しているのです。

《尖閣諸島が日本固有の領土であることは、歴史的にも国際法上も疑いのないところであり、現にわが国はこれを有効に支配しています。したがって、尖閣諸島をめぐり解決すべき領有権の問題はそもそも存在していません。（中略）

尖閣諸島は、歴史的にも一貫してわが国の領土たる南西諸島の一部を構成しています。元々尖閣諸島は１８８５年以降政府が沖縄県当局を通ずる等の方法により再三にわたり現地調査を行ない、単にこれが無人島であるのみならず、清国の支配が及んでいる痕跡がないことを慎重に確認の上、１８９５年1月14日に現地に標杭を建設する旨の閣議決定を行なって正式にわが国の領土に編入することとしたものです》（傍点・渡部）

また、沖縄県に属する尖閣諸島は日本の敗戦後、サンフランシスコ講和条約（昭和二十七年発効）によってアメリカの施政下に置かれましたが、中国はこれまでそれに対して一度も異議を唱えたことはありませんでした。

中国が「尖閣諸島はわが国の領土だ」といい出したのは、あのあたりにガス田が豊富にあることがわかってからにすぎないことは、前にも述べたとおりです。

仮に、そして万々が一わが国が尖閣諸島を奪ったのだとしても——もちろん、そんな事実はないわけですが——それは中国政府から奪ったということにはなりません。なぜなら、たとえ清国から奪ったと仮定しても、清国というのは、いまシナ大陸を支配している漢民族の国ではなく、満洲族が興した国だからです。清国はツングースの国だったのです。

満洲国の最後の皇帝・愛新覚羅《あいしんかくら》溥儀《ふぎ》の家庭教師を務め、名著『紫禁城の黄昏』（祥伝社黄金文庫）を書いたイギリス人、レジナルド・ジョンストン博士がいったように、シナの歴史には固有の「国名」はなく「王朝名」しかありません。

ジョンストン博士は『紫禁城の黄昏』で、こう注記しています。

《日本にはひとつの王朝しかない……。（中略）したがって、その国名（「大日本」）はヨーロッパの国々と同じように用いるが、シナの用いる用語は王朝名であり、「中国」ではなく「大清国」である》（第八章・著者原注）

どういう意味かといえば——ヨーロッパでは「領土の王」といいます。イギリスの王であれば“King of England”、フランスの王なら“King of France”です。日本の天皇は“Emperor of Japan”。こう呼べるのは、王朝と領土が一定だからです。それゆえ、イギリスという国名も、フランスという国名も、日本という国名も、また一定であり、明確な条約による以外不変なのです。

ところがシナの場合は、時代ごとに王朝が違うのです。漢民族が支配したり（たとえば漢）、その後は鮮卑《せんぴ》民族が支配したり（唐）、モンゴル民族が支配したり（元《げん》）、満洲族が支配したり（清）……と、シナ大陸を支配する民族はつぎつぎと入れ替わっている。そのたびに、王朝も替わり、版図《はんと》も変化している。つまり、“King of China”と呼べるような存在はいない、というのです。

シナの歴史はすべて「王朝」すなわち“Dynasty”で見なければならない。モンゴル民族の王朝・元は“Mongolian Dynasty”であり、満洲民族の王朝・清は“Qing Dynasty”です。断じて“Kingdom of China”ではないのです。

時代が移るごとに異なる民族がシナ大陸を支配したわけですから“Empire of China”と呼べるような国はないのです。元（モンゴル民族）、明（漢民族）、清（満洲族）はそれぞれまったく違った国である、とジョンストン博士は指摘したわけです。

よって、清（満洲族）と現在の中国（漢民族）も別の国である、ということになります。先ほどの仮説に戻ると――万々が一、わが国が清国から尖閣諸島を奪ったとしても、いまの中国政府から奪ったものではない、ということになります。

……ということを、まず、世界中の人びとに周知徹底することです。

中国の領土政策の欺瞞を暴け

「シナ大陸はヨーロッパ大陸のようなものである」という比喩《ひゆ》を使って補足説明をするのもいいでしょう。

たとえば、ナポレオンがヨーロッパ全土を支配して王朝をつくったとします。その王朝を仮に「ナ王朝」と呼びます。フランス色の強い王朝になります。

それから百年ぐらいすると、今度はドイツのヒトラーが擡頭《たいとう》。「ナ王朝」を倒してヨーロッパを制覇したら、これを「ヒ王朝」と呼ぶ。

ところが、しばらくして今度はロシア人のスターリンが「ヒ王朝」に替わってヨーロッパを支配するようになったら、これは「ス王朝」です。

ヨーロッパという舞台は変わらないけれども、王朝は「ナ王朝」「ヒ王朝」「ス王朝」……といったぐあいに交替した。では、これら「ナ王朝」「ヒ王朝」「ス王朝」……はすべて同一の国なのか、ということです。

明らかに別箇の国です。

それと同じことが、シナ大陸についてもいえるのです。ジョンストン博士が、「日本という国名はヨーロッパの国ぐにと同じように用いることができるが、シナに関しては王朝名を用いなければならない」といったのはそういう意味なのです。

ジョンストン博士はオックスフォード大学を卒業した秀れたシナ学者ですから、以上のようなことを知悉《ちしつ》していましたが、われわれが正しい歴史を伝えなければ、世界の人たちは〝シナの真実〟を知りません。まったくわからないはずです。

一九四九年に建国された現代中国は、武力で弾圧して新疆《しんきょう》ウイグルやチベットを「自国の領土」としていますが、あれは満洲族が建てた清朝の最大版図《はんと》に組み込まれたのであって、なんら現代中国が領有を主張できるような土地ではありません。しかし、世界の人びとはそういう史実を知らないのです。

モンゴル民族の興した元をもち出したらどうなりますか?

チンギス・ハーンの息子の時代、モンゴル帝国はコーカサス地方を制圧したあと、ハンガリーやポーランドを征服しています。そのモンゴル帝国が宋を倒して元になるわけですが、清朝の版図に入っていた新疆ウイグルやチベットが中国の領土だというのであれば、元が征服したハンガリーやポーランドは中国の領土になってしまうではありませんか。コーカサス地方のチェチェンやグルジア、アルメニア……も、みな、現代中国の領土だということになります。

モンゴル帝国はモスクワも制圧したという説もあります。北京政府が「新疆ウイグルやチベットはわが領土だ」というのなら、ロシアに向かっても「モスクワはわが領土だ」といわなければおかしい。論理的にいえば、北京政府はハンガリー政府やポーランド政府に対しても領土権を主張しなければいけないのです。

それがいかにバカバカしいことか――。われわれにはそれがわかりますから、北京政府が「新疆ウイグルやチベットはわが領土だ」というのは、彼ら特有のゴーマンさのあらわれだということを知っています。

ところが、欧米人にはいまのように説明してやらないと新疆ウイグルやチベットが中国でないことは絶対に理解できないと思います。

北京政府がいま「中国東北部」と呼んでいる旧満洲にしても、同様です。満洲の地は清朝を建てた満洲民族の故郷であって、漢民族の領土だったことは一度もありません。だからこそ清朝は、「漢民族は入ることなかれ」といって満洲を「封禁《ふうきん》の地」にしたわけです。

漢民族は漢民族で、満洲民族やモンゴル民族の侵入を防ぐために万里の長城をつくったわけです。

万里の長城を挟んで、シナ本部と満洲はまったく別の領地なのです。

そういうことを世界中の人びとの頭に叩き込まなければいけません。そうすることによって初めて中国のいっていることがいかにデタラメか、いかにプロパガンダにすぎないものであるか、ということが理解されるようになるのですから。

古代シナ文明が残っているのは現代中国ではなく日本である

それからもうひとつは、文化にかかわる〝真実〟についてもPRが必要です。

中国人はよく「中国四千年の歴史」とか「中国五千年の歴史」とか、誇らしげに語ります。黄河文明、インダス文明、そしてナイル川流域のエジプト文明、チグリス・ユーフラテス川流域のメソポタミア文明という四大文明のうち、現在まで残っているのは「わが黄河文明、すなわち中国文明だけである」といって鼻を高くしている光景もしばしば見かけます。

しかし、夏《か》→殷《いん》→周《しゅう》とつづく古代シナ文明の担い手も、じつは漢民族ではないのです。たとえば、『詩経』『書経』『礼経』『易経』『春秋』という、いわゆる五経は高い文明を誇った周代を中心に編まれたものですが、その周という国を築き上げたのは西方の遊牧民族であって、いわゆる漢民族ではありません。

満洲史・モンゴル史専攻の歴史家・岡田英弘さんも、夏《か》は東南アジア系の民族、殷《いん》は北方狩猟民、周《しゅう》は西方遊牧民が、それぞれ興した国だとしています。

周のあと、始皇帝が出て秦《しん》になります。この秦は当時としては強大でしたので、その「シン」という音が「シナ」になったり、「チャイナ」になったりしているわけですが、この秦の始皇帝は、周知のように焚書坑儒《ふんしょこうじゅ》を行い、先の五経や『論語』『孟子』などを焼き払っています。野蛮だったのです。

その後もシナ大陸は大いに乱れ、漢のあとは五胡十六国《ごこじゅうろっこく》時代と呼ばれています。つまり、五種類の異民族と十六の国の王侯たち、それらが入り乱れて戦ったのが五胡十六国時代です。

そして、その後のゴタゴタをまとめたのが隋《ずい》。日本でいえば聖徳太子の時代です。その隋をつくった民族を周（孔子が理想とした国です）では「鮮卑《せんぴ》」と呼んでいたのです。

……というようなことを、世界中の人たちに教えるのです。

この場合も、ヨーロッパの歴史と比較しながら語ると、欧米の人たちには理解しやすいことでしょう。

たとえば、ギリシャのアテネは紀元前、プラトンやアリストテレスといった哲人を輩出しています。しかしその後、まずアレキサンダー大王のマケドニアがギリシャに侵入、その後もいろんな国民が入ってきて……やがてイスラム圏にまでなってしまった。現在、ギリシャにはプラトンやアリストテレスの子孫など、おりません。

じっさい、アリストテレスはヨーロッパではずっと埋もれっぱなしでした。十三世紀、ケルンの大学でアリストテレスの書物に接したトマス・アクィナス（シチリア王国出身の貴族）がアリストテレスの著作を正確に読むことによって初めて、西ヨーロッパの人たちはアリストテレスにアクセスできるようになったのです。

プラトンになると、西ヨーロッパで受容されるようになったのはさらにもっと後のことになります。いわゆるイタリア・ルネッサンスの時代まで待たなければなりませんでした。

しかし、いったんパリ大学、ケルン大学、オックスフォード大学、ケンブリッジ大学……などの学者たちがプラトンやアリストテレスの研究をつづけるようになると、両哲人はヨーロッパ文明のバックボーンとなったのです。

とりわけ重要なのはアリストテレスです。というのも、彼の哲学の根本は「対象を知る」というところにあったからです。アリストテレスは「実体《ウーシア》は知覚される個物に内在する」といっています。「内在するもの」を知るためには個物を分解しなければなりません。分解とは、すなわち分析であり実験です。こうして彼の哲学は西ヨーロッパで自然科学を生み、それを発達させ、非常に高度な文明を築き上げる基盤となったのです。

では、プラトンやアリストテレスを生んだギリシャはいまどうなっているか？　財政赤字が膨大に積み上がったため経済危機におちいり、ＥＵの〝お荷物〟になっています。

プラトンもアリストテレスもまるでいまのギリシャとは関係ありません。両哲人は、いまのアテネ人ともなんの関係もないのです。

それと同様に、古代シナで発達した文明がいちばんよく残っているのは日本です。断じて現代中国ではありません。

現代中国は、前述したように「孔子学院」を世界のあちこちに建てておりますが、それは中国語の普及が目的であって、孔子の思想とはなんの関係もありません。それどころか、文化大革命のときは孔子の像を壊しまわったではないかと、私はいいたいほどです。

繰り返せば、孔子以来の儒学が伝統として残っているのは、わが日本なのです。とりわけ江戸時代は儒学をふくめた漢学の研鑽《けんさん》が盛んで、日本屈指のシナ学者・吉川幸次郎博士が「江戸時代の日本の文献学は本家・清国のそれよりも百年は先に進んでいた」と称賛するほどでした。

王朝が交替すると、前王朝の器物・資材・典籍などをすべて破棄してしまうシナとは異なり、わが国はそういうものを大事にしましたから、もはや中国にはないシナの文物がたくさん残っています。「仁義礼智信」といった儒学の精神が残っているのも中国ではなく、日本なのです。

シナ大陸で連綿としてつづいてきたのは、じつをいえば「漢字」だけなのです。その漢字もいまは簡体字を用いていますから、その伝統も途絶えたといっていいでしょう。あと百年もすれば、中国人が正字体の漢字を読めなくなる時代がやってくるのは必至だからです。

と、まあ、以上のようなことを全世界に向けて発信するのです。

いま中国共産党政権が「自分たちは古代シナ文明の子孫である」といわんばかりに振舞っているのは、現在のギリシャがEU諸国に向かって「アリストテレスを生んだわが国こそ、西ヨーロッパ文明発祥の地である」というようなものなのです。許せない、というより滑稽すぎる話なのです。

手を変え品を変え、そんなことを世界に向けて発信していけば、非常に横柄で傲慢な中国に風穴を開けることになるのではないでしょうか。北京政府の主張が真っ赤なウソであることがじょじょに浸透していきます。間接的な手法ではありますけど、高い効果があるのではないかと考えています。

わが国の外務省が以上のようなことを簡潔な英語やドイツ語、フランス語などに翻訳して世界中に配信することも有効でしょう。

もはや中国の崩壊は避けられない

弁護士にしてジャーナリストのゴードン・チャン氏（中国系アメリカ人）の『やがて中国の崩壊がはじまる』（草思社）の邦訳が出たのは二〇〇一年でした。あれから十年以上が経過しておりますが、まだ崩壊はしていません。しかし、私はそれでも、「やがて中国の崩壊がはじまる」と見ています。

その最大の理由は、中国が〝世界のルール〟を無視して傲慢に振る舞いつづけていることです。国家間のルールを遵守しなければ、国家の長期的な安定はありえないのです。

それにもかかわらず、ここ二十年ぐらいのあいだに自信を強めた中国は、国際的な取り決めをことごとく足蹴《あしげ》にしてきました。前述した尖閣諸島のケースなど、その典型です。こんな国家は長つづきするはずがないのです。

そこで思い出すのは、東洋史の泰斗《たいと》・桑原隲蔵《くわばらじつぞう》博士の「支那人の食人肉風習」という論文です。これは岩波書店刊『桑原隲蔵全集』の第一巻に収録されておりますので、興味を抱かれたかたは一度お読みください。

この論文で桑原博士は、シナでは古来、皇帝から庶民に至るまで人肉を食べる習慣と趣向があったことを紹介したあと、つぎのような言葉で文章を結んでおられます。

《日支両国は唇歯相倚《しんしあいよ》る間柄で、勿論《もちろん》親善でなければならぬ。日支の親善を図るには、先《ま》づ日本人がよく支那人を理会《りかい》せなければならぬ。支那人をよく理会する為には、表裏二面より彼等を観察する必要がある。経伝詩文によつて、支那人の長所美点を会得するのも勿論必要であるが、同時にその反対の方面をも、一応心得置くべきことと思ふ。食人肉風習の存在は、支那人に取つては余り名誉のことではない。されど厳然たる事実は、到底之《とうていこれ》を掩蔽《えんぺい》することを許さぬ。支那人の一面に、かかる風習の存在せしことを承知し置くのも亦《また》、支那人を理会するに無用であるまいと思ふ》

これといった脅威もないのに、中国は江沢民の時代以降、軍拡に力を入れはじめ、海洋進出も積極的につづけています。南沙諸島ではフィリピンなどとのあいだで多くのトラブルを巻き起こし、何度もいうように、尖閣諸島でもわがもの顔に振る舞っています。そして、あろうことか、宇宙でも好き勝手に行動し、二〇〇七年一月には気象衛星の破壊実験を行っています。

こうした暴挙を見ていると、まさに〝食人肉風習〟のDNAのなせる業……としか思えないのです。

こんなルール無視の振る舞いをしていれば、やがて中国の崩壊がはじまってもなんの不思議はありません。

それのみならず、中国国内に目を転じれば数々の難問を抱えています。

第一に、貧富の格差。

昨年の北京大学「中国社会科学調査センター」の調べによると、上位五パーセントの富裕層と下位五パーセントの貧困層の年収格差は全国平均で二三四倍に達し、この傾向はますます強まると見られています。

第二は、格差増大や民族差別などに対する不満から全国各地で暴動が頻発していることです。その件数は、ひと口に年間二十万件といわれています。二〇一三年の十月二十八日に起きた天安門広場での自動車爆破テロや山西省での連続爆弾テロ（同十一月六日）は記憶に新しいところです。

第三は、バブルがはじけ、不良債権が表面化するのが時間の問題となっていること。これまでは「影の銀行（シャドー・バンキング）」が各地方政府に資金を流していましたが、不良債権が膨れ上がって「影の銀行」が破綻すれば、金融危機に見舞われることは必至です。その可能性はきわめて大きいと見られています。

挙げていけば、党内の権力闘争や党官僚の腐敗など、まだまだ不安定要因はいくつもあるでしょうが、私が中国崩壊の〝発火点〟になるのではないか、と見ているのは携帯電話やスマートフォンといったネットワークでの情報共有です。二〇一一年の「エジプト革命」がネットによるデモの呼びかけで口火を切ったように、中国でもその可能性は十二分にあります。

二〇一三年十月十日付の産経新聞にはこんな記事が載っていました。

《中国政府は、インターネットでの国民の投稿を検閲するため、約200万人を雇って日夜監視を行っている。国営紙の新京報が9日までに報じた。監視要員は「世論分析官」と呼ばれ、月収は6000元（約9万6000円）以上。専用ソフトを駆使し中国版ツイッター「微博《ウェイボ》」などの交流サイトに書き込まれる政府批判に目を光らせている。民主化運動を抑えつけようとネット検閲を強化する当局に対し、約6億人の中国ネットユーザーは、「ネット秘密警察だ」などと猛反発している》

いつ、と時期を予測することはできませんが、「やがて中国の崩壊がはじまる」のは確実だというのが私の確信になっています。

なにより雄弁に事態を物語っているのは、現政権の権力者たちが、家族・一族などを使って膨大なお金をアメリカやカナダなどに疎開させていることです。政権が倒れたら逃げ出すための用意です。

ルーマニアの独裁者だったチャウシェスク大統領夫妻などは、政権崩壊後に民衆に虐殺されました。今の中国の権力者はそれを知っていて逃げ道を考えているのです。こんな首脳の支配する国は永続きしないだろうと考えます。

第三章　アメリカは本当に日本を守るのか

反日歴史認識でアメリカに接近する中国

アメリカの民主党というのは、もともと中国寄りの傾向がありますが、オバマ政権もどう考えても「日本重視」とは思えない政策をとっています。

この一月二十八日の「一般教書演説」(日本でいえば、首相の「施政方針演説」に相当)では中国の脅威や北朝鮮の核問題など、東アジア情勢にはいっさい触れず、日本にも、また日米同盟にも言及しませんでした。それでいて、安倍さんが靖国神社に参拝すると「失望した」というコメントを出したことは第一章で触れたとおりです。

あれは平成九年(一九九七年)十月のことだったと記憶しております。私がたまたまハワイにいたとき、訪米した江沢民主席が真珠湾を訪れ、「中国とアメリカは日本を敵として、ともに戦った仲である」とアピールしたことがありました。そのとき私はとっさに、「これは危険だな」と思ったものです。もっとも、そのころはまだたいした問題とはいえませんでした。

ところが最近は、アメリカが大国化する中国に急接近して、しきりに「昔の戦争はアメリカと中国が手を握って日本と戦ったんだ」という図式を成立させたがっているように見えるから、今度はほんとうに危機感を覚えているのです。じっさい、二〇一三年の九月九日にはハワイの真珠湾で、あろうことか、「米中合同軍事演習」を行っています。

これはじつに危険な流れです。

そもそも、日本軍が戦った相手は蔣介石の国民党軍であって、その蔣介石は現在の中国共産党政権の反対勢力だったわけですから、「中国とアメリカは日本を敵として戦った仲である」というのは真っ赤な偽りなのです。

アメリカもアメリカです。日米戦争のあと、朝鮮戦争およびベトナム戦争（一九六〇年～七五年）において中国を敵としたことは忘れてしまったかのようなのです。朝鮮戦争とベトナム戦争という二つの戦争を飛び越して、日米戦争をもち出し、「アメリカと中国はともに日本軍と戦った」と主張するのですから。

そんな流れに対して、われわれはどうすべきであるかというと、サンフランシスコ講和条約をもち出すべきだと考えます。外交政策においては、サンフランシスコ講和条約の〝復活〟が重要だと思うのです。なんとなれば、あのサンフランシスコ講和条約によって日米戦争を戦った日本とアメリカが仲直りしたからです。

条約の冒頭には、こうあります。

《連合国及び日本国は、両者の関係が、今後、共通の福祉を増進し且《か》つ国際の平和及び安全を維持するために主権を有する対等のものとして友好的な連携の下《もと》に協力する国家の間の関係でなければならないことを決意し、よつて、両者の間の戦争状態の存在の結果として今なお未決である問題を解決する平和条約を締結することを希望する……》

東京裁判をもち出す人は多いけれども、サンフランシスコ講和条約に言及する人はあまりいません。しかし、あの講和条約をソ連といっしょになってボイコットした中国は日米の敵なのです。翌年、日華講和条約を締結した政権はいまの台湾です。それに関係なくシナ大陸を支配した共産党政権は、朝鮮戦争やベトナム戦争により決定的にアメリカの敵になったのです。したがって、われわれは「日米vs中国」という図式を主張していかなければならないのです。そうでないと、危なくて見ていられません。

アメリカと組んで日本と戦ったのは現在の中国ではなく蔣介石軍だったのであり、しかもその戦いというのも約七十年も前の遠い遠い過去の話なのですから、「その後の共産党がつくったいまの中国はアメリカの敵になっていますよ」と、はっきり注意を喚起してやらなければいけません。

「中国は文明国、日本は野蛮国」というアメリカ人の偏見

なぜアメリカが、共産党の一党独裁国家である中国をあまり敵視しないのかというと、それには歴史的経緯があるというべきでしょう。

アメリカは日米両国が最初に接触したときから日本を非常に軽んじています。少なくとも、人種的な差別意識をもって見ていたことは間違いありません。

たとえば、ペリーです。

黒船で浦賀（神奈川県）にやってくる前、彼はいろいろと日本ついて調べているようですが、ひと言でいえば後れた〝野蛮国〟であると思っていたようです。だから、日本へ来航したとき（一八五三年）、たまたま第十二代将軍・家慶《いえよし》が亡くなったため、幕府が「しばらく入港を控えてほしい」と要請しても、それを無視して浦賀へ船を着けてしまったし、そもそも徳川幕府が開港に応じなかった場合は、「アメリカの捕鯨船や商船の基地として

琉球を占領してしまおう」と考えていました。

じっさい、ペリー来航の目的は太平洋を経由して清国と貿易することだったのです。日本に開国を迫ったのは、そのための中継基地として考えていたからです。

それまで、アメリカの船がアジアへやってくるときは東海岸から大西洋を南下して、アフリカ大陸の最南端・喜望峰をまわっていましたが、西海岸から太平洋を横断したほうが便利だと判断したのです。そして、その中継基地として日本を見ていたわけで、究極の目的は清国との交易だったのです。その意味では、アメリカは清国についてはあまり野蛮視していません。まあ、〝儲け相手〟だということもあったかもしれませんが。

余談を付け加えると、フランクリン・ルーズベルトの母親の実家であるデラノ家は、アヘン戦争のころから清国とアヘンをふくむ貿易を手広く行い、そうして財産を築いた家系でした。

アメリカにとって、国土が広く人口の多い清国は、アメリカ製品を売りさばくのに好都合な〝希望の国〟だったのです。そして考えてみれば、清国というのは十七、八世紀のヨーロッパでは仰ぎ見られたようなところがありました。

英文学の権威・福原麟太郎先生の『シェイクスピア講演』(講談社学術文庫)を読むと、

こんなくだりが出てきます。

《ヴェニスとゼノア（ジェノヴァ——渡部注）というのは非常に盛んな世界の港であったわけであります。そのころシナの厦門《アモイ》の港がやはり栄えていたようでありまして、ちかごろのヨーロッパの人で「世界に二つともしびがついていた。一つはヴェニスだった、一つは厦門であった」というように書いていた人がありますが……》

清国には康熙帝《こうきてい》（在位一六六一年～一七二二年）、乾隆帝《けんりゅうてい》（在位一七三五年～九六年）という偉大な皇帝が出ました。清国のときですから、両皇帝は満洲人です。漢民族を治めるには漢語を使い、満洲人に対しては満洲語で、という具合に民族ごとに言葉を変えて統治した偉大なる政権でした。そのせいもあってか、版図《はんと》もきわめて広大で「清朝最大版図」という言葉があるくらいです。いまの共産党政権が「自国の領土だ」と主張しているチベットやウイグルは、じつは満洲民族の興した清朝の版図を勝手に利用しているだけの話なのです。

ではなぜ、康熙帝や乾隆帝のころ、清国が西ヨーロッパで仰ぎ見られたのかというと、

「科挙」の制度があったからです。

当時のヨーロッパはフランスであれ、イギリスであれ、政府の高官はみな貴族でした。公爵、伯爵、男爵……いろいろいましたけれど、貴族の血統をもった人たちが政府高官になったのです。ところが、そのころ世界中を布教してまわった宣教師から話を聞くと、東洋の大きな国シナでは「試験によって政府高官の登用を決めている」というわけです。血筋ではなく科挙という試験によって役人を決めている。「これは文明国だ」といって、清国を仰ぎ見たわけです。

清国を尊崇した十七、十八世紀のヨーロッパ人の傾向、その影響を受けてアメリカ人は「チャイナは一応文明国、ジャパンは後れた野蛮国」という〝色眼鏡〟をかけるようになったのです。

日本だけが白人国に対抗できた

ところが、その野蛮視した日本だけが、有色人種の国でありながら白人にできることはなんでもできるということを実証したのが日露戦争でした。

それまで白人は、自然科学と近代産業国家――これは白人にしかできないと思い込んでいました。軍艦といい大砲といい、有色人種の国々は相手にもなりませんので世界中で植民地化も進んだのです。

恐ろしいのは、そのうちに進化論的思想が出てきたことです。ダーウィン自体の思想ではなく進化論的思想が加わったのです。つまり、いちばん進んだ人種は白人で、そのつぎは黄色人種。そのつぎは茶色、そのつぎは黒で、その下がオランウータンであると、欧米人はほんとうにそう信じたのです。それに対して、偉大なるトルコも、インドも、また清国も一応は抵抗してみせました。とはいうものの、みな、手もなくやられてしまいます。かくして白人は別格扱いになったわけです。

ところが、ユーラシア大陸のいちばん東の島国・日本だけが白人国のロシアを破り、自然科学の分野でも北里柴三郎、野口英世、木村栄《きむらひさし》（天文学）……といった人びとを輩出したのです。

しかし、これは考えてみれば当然の話でした。

日本は古来、歴史も皇室もつづいているし、徳川幕府もずっと平和でつづいていましたから、十分に文化的蓄積があったのです。徳川時代の初期のころを考えても、自分たちはポルトガルやオランダより劣っているとは思っていなかった。だからこそ、秀吉などは朝鮮出兵を行ったのです（一五九二年～九八年の「文禄《ぶんろく》・慶長《けいちょう》の役」）。「スペインがフィリピン島を獲るなら、おれは明国を獲ってやるぞ」というぐらいの気構えだったと思います。白人を仰ぎ見るということはなかったのです。徳川幕府が鎖国するときでも「お前たちはもうやってくるな」といわんばかりの態度でした。そして、「まあ、ひとつぐらいいいか」といって来航を許した国がオランダです。ただし、長崎に限定した。これが出島です。

ペリーの黒船がきたときの日本人の率直な思いは、童謡「うさぎとかめ」の歌詞ではありませんが、「これは寝すぎた、しくじった」という兎の述懐に似ていたのではないでしょうか。自分たちは劣っているという劣等感はなかったはずです。「ちょっと寝すぎた、しくじった」という感じだったに違いありません。

もっとも、明治維新を迎えたときは彼我《ひが》の差があまりに大きかったのでびっくりしています。大久保利通だとか岩倉具視《いわくらともみ》、木戸孝允《きどたかよし》、伊藤博文……といった、明治維新を起こした主要人物の半分以上が世界を一周してみると（明治四年～六年にかけての「岩倉使節団」）、彼我の差の大きさに驚かされたわけです。

維新の運動をしているときは頻繁に東海道を歩いたけれど、人と馬しか通らない道でした。ところが、ヨーロッパに行く途中に上陸したアメリカでは鉄道が通っている。ヨーロッパへ着いたら、ナポレオン戦争が終わって五十年もたっていますから、ガス灯がともっている。ロンドンに行けば道路は舗装されている。江戸城よりも高い家が建っていて、そこに住んでいるのが庶民だと聞いて、みな腰を抜かしたのです。

岩倉使節団の人たちはそこで、「どのぐらい後れているんだ、日本は?」と考えた。どう考えても、秀吉や家康のころはヨーロッパに後れていたはずはないのだから、「そうすると、五十年ぐらいかな」と。

それはだいたい正しかったと思います。前の章でも申し上げましたが、明治維新が一八六八年で、第一次世界大戦(一九一四年〜一八年)のときは五大国の一角を占めていましたから、約五十年で追いついた。

さて、「五十年ぐらいの後れなら追いつけるだろう」ということで乗り出したのが「富国強兵」「殖産興業」でした。大久保と木戸は非常に仲が悪く、木戸など先に帰国してしまったといわれるほど犬猿の仲でしたが、しかし、富国強兵、殖産興業という基本的な政策では一致していました。そして、五十年後を夢見て必死になったのが明治の元勲たちだったのです。

日露戦争以後、日本敵視に転じたアメリカの意図

当時の日本には「西洋列強の植民地にだけはなってはいけない」という強い緊張感がありました。

そこで、自分たちだけではちょっと心許《こころもと》ないからと、誘いをかけたのがお隣の李氏朝鮮です。ところが朝鮮は事大主義《じだいしゅぎ》の国ですから、つねに強者にすり寄るわけです。日本のいうことは聞かないで、清国にすり寄る。その清国が日清戦争に敗れると、今度はロシアにベッタリくっつく。

ロシアはロシアで、不凍港すなわち冬も凍らない港をほしがっていましたから、鎮海湾のあたりに軍港をつくりたがった。そしてさらに朝鮮半島における森林伐採権や鉱山発掘権も手に入れます。

日本にとってみれば、それはまさに日本列島の脇腹に匕首《あいくち》を突きつけられたようなものでした。ということで日露戦争が勃発し、日本はこれに勝利する。

これは世界中のどの国も予想もしなかった出来事でした。あのナポレオン軍にも勝った

ロシアの軍隊が敗れたわけですから、大ニュースです。ロシアの海軍というのはイギリスにつぐぐらいの規模でしたが、それが完全に日本海の底に沈んでしまったのです。

アメリカが日本を「油断ならない国」と思うようになったのも当然でしょう。当時のアメリカはまだ〝若き大国〟といった感じでしたが、太平洋の向こうにもうひとつ〝若き大国〟が生まれたのです。

『日米衝突の根源』『日米衝突の萌芽』（ともに草思社）といった研究書をお書きになっている渡辺惣樹《わたなべそうき》さんもいろいろ指摘していますが、これでアメリカは本気になって日本を敵視しはじめたのです。

当時のセオドア・ルーズベルト大統領は、日露戦争の調停に乗り出してくれたということで、日本人はずいぶん恩に着ているようですが、向こうは向こうで、それなりの利点があったからこそ、講和条約の調停者となったわけです。あまりに素朴に感謝するのもいかがなものかと思います。

じっさい、日露戦争が終結すると、アメリカ海軍は日本を仮想敵国とする「オレンジ計画」を策定しています。

当のセオドア・ルーズベルトは、『海上権力史論』（邦訳は原書房）という名著を書いたアルフレッド・セイヤー・マハンに「ロシアの大艦隊が敗れたのはなぜか」と訊いています。すると、マハンはこう答えています。「それは旅順にあったロシアの太平洋艦隊とバルチック艦隊が分かれて戦ったからです。だから両方ともひとつずつ潰されてしまったのです」と。

マハンという人はつねに、「勝利の秘訣は意志の集中と力（兵力）の集中にあり」といっていましたから、当然の発言だと思います。日本海海戦でその訓《おし》えを実践したのが、アメリカ留学中にマハンの教えを乞うた秋山真之《さねゆき》（連合艦隊の作戦参謀）である、ということになります。

バルチック艦隊が敗れた理由は「ロシアの海軍が二つに割れていたからである」というマハンの説明を受けると、ルーズベルトはパナマ運河の建設を急がせました。パナマ運河が完成すれば大西洋と太平洋がつながる。つまり、アメリカの大西洋艦隊と太平洋艦隊をいつでもひとつにできる。

そのパナマ運河が開通したのはいまからちょうど百年前。一九一四年のことであります。

日露戦争の調停者として日本人がありがたがっていたあのセオドア・ルーズベルトでさえ、日本を敵視していたわけです。少なくとも、日本の海軍に脅威を感じ、ライバル視していたということはできます。

それより先、アメリカがハワイを獲ろうと画策していたとき、いちばんアメリカの癪《しゃく》にさわったのは、のちに日露戦争に際して連合艦隊司令長官となる東郷平八郎でした。

ハワイの白人農場主たちがアメリカ海兵隊と手を結んでハワイ王政を倒し、そして臨時政府を樹立したとき（一八九三年）、東郷さんはハワイにいる日本人の保護を目的としてハワイへ向かっています。そして、ホノルルに到着すると、港内に停泊していた米艦「ボストン」の真横に投錨《とうびょう》して、クーデター勢力を威圧したのです。東郷さんは臨時政府を完全に無視したばかりか、新政府の成立を祝おうという各国軍艦に対して「祝う必要などない」といったため、結局、各国とも祝砲を上げなかったといいます（アメリカによる完全なハワイ併合は一八九八年）。

アメリカにすれば、まあ、そんなことも恨みとして残っていたかもしれません。

げんに、日露戦争から間もない一九〇八年（明治四十一年）、アメリカは大西洋艦隊を大挙して太平洋に回航させ、横浜港にやってきました。それが日本に対する威嚇行動であったことは間違いありません。その大艦隊は白いペンキで塗られていたので、ペリーの黒船と区別して「白船事件」と呼ばれています。

当時の日本では、一部に「非常に好意ある訪問だ」といって喜んだ人もいたようですが、いまいったように、アメリカにすれば「対日威嚇」が目的でした。バルチック艦隊を破った連合艦隊が太平洋にのさばるようになると、彼らの戦略が狂ってしまう。そこで日本を恐怖に落とし込もうと考えていたことは明らかです。

アメリカ初の有色人種大統領は日本が誕生させた

アメリカというのは、「差別がなければアメリカではない」といわれるような国ですから、日露戦争に勝利した日本人が白人と対等であることを世界中に示すと、日本それ自体を大いなる脅威と見なすようになったのです。

もちろん、アメリカ人の誰もがそう考えたわけではなく、ルーズベルトの後継者であるタフト大統領のように、「フィリピンはおれたち（アメリカ）が獲るから口を出すな。その代わり、あなた（日本）は朝鮮を獲りなさいよ。こっちは口を出さないから」というような温和な人たちもおりました。

ただし、タフト大統領のような存在はやはり例外で、「日本憎し」と思う人たちが主流でした。白人と対等に渡り合えて、強力な白人に軍事力で勝てる有色人種がいるというのは、アメリカ人にとってはたいへんイヤなことだったのです。そうした敵愾心《てきがいしん》がカリフォルニアにおける排日運動につながっていくわけです。

その流れを年表ふうに記しておきます。

- 一九〇六年＝サンフランシスコ市教育委員会が日本人や朝鮮人学童の隔離教育を決定。
- 一九〇七年＝サンフランシスコで反日暴動。
- 一九〇八年＝日本が移民を自粛する代わりに、アメリカも排日的な移民法をつくらないことを約束した「日米紳士協定」の締結。
- 一九一三年＝カリフォルニア州で「排日土地法」が成立。
- 一九二〇年＝カリフォルニア州で新たな「排日土地法」が成立（一九一三年の土地法は、日本人移民の土地所有を禁止するものであったが、今度の法律では日本人移民の子供まで土地所有を禁じられた）。
- 一九二二年＝アメリカ最高裁が「黄色人種は帰化不能外国人であり、帰化権はない」と判決。

・一九二四年＝いわゆる「絶対的排日移民法」が成立。

当時、アメリカは「日本人だけ締め出したわけではない」などという詭弁《きべん》を弄しましたが、そんなのは真っ赤な嘘です。というのも、大西洋のほうからはイタリア人やドイツ人やスペイン人……と、いくらでも移民を受け入れていたわけですから、あれは間違いなく〝日本締め出し〟が目的でした。

そうした確執がずっとつづいて、結局は日米開戦になります。二つの〝若き大国〟が真正面から戦うことになったわけです。

その日米戦争に関しておもしろいと思ったのは、アメリカ太平洋艦隊の司令長官ニミッツ提督が回想録 The Great Sea War（『ニミッツの太平洋海戦史』恒文社）のなかで、「水兵はすべて白人。有色人種、すなわち黒人やシナ人などはみな厨房にまわした」という趣旨のことを書いていることです。

軍艦にはものすごく広い厨房があります。そこの厨房要員はすべて有色人種にしたというのですが、これはじつによくわかる話です。なぜなら、水兵さんは戦うからです。戦って軍功を立てれば出世する。そのとき、水兵に有色人種がいると、白人がその部下になってしまうことも起こりうるわけですが、黒人が上官で、白人が部下というのはどうしたって耐えられない。だから戦争が終わるまで、有色人種は厨房でしか使わなかったというのです。それくらいアメリカにおける人種差別は強かったのです。

ところが、大東亜戦争が終わると、アジアの旧植民地はどんどん独立していきます。大英帝国の植民地であるインドまで独立すると、今度はアフリカでも続々と独立する国が出てきます。

ちょうどそのころ、国連ができました。そして、その本部がニューヨークにつくられたわけですが、私は、これはアメリカの大失敗だったと思います。なぜかというと、新しく独立したアフリカ諸国からも国連大使がニューヨークへやってくるからです。いくらアメリカでも彼らを差別するわけにはいきません。アフリカ諸国の国連大使たちは外交特権をもって自動車を乗りまわします。前からいた黒人たちはそれを見てどう思うでしょうか。「おかしいぞ?」と思うに決まっています。同じ色をして、同じような顔なのに、「なぜ、これほどまでに違うんだ」と。どうしたってそうなります。

果たして、一九四五年に戦争が終わって二十年近くたちますと、アメリカ中で黒人の公民権運動の嵐が吹きまくるようになった。そしてその公民権運動の結果、現在のオバマ大統領が誕生したわけです。

風が吹けば桶屋が儲かる……式のいい方をすれば、大東亜戦争の「植民地解放」というスローガンがあって、戦後つぎつぎと植民地の独立があったわけですから、オバマ大統領誕生の引き金を引いたのは日本だった、といえなくもありません。もちろん、オバマさんはそんなことは知らないでしょうけれども、しかし日本人としてはそこまでの誇りをもってオバマ大統領を見てもいいのではないでしょうか。「あなたみたいな、白人ではない大統領が出ることを、われわれのおじいさんたちは望んでいたんですよ」と、そういう誇りをもっていいと思います。

「アメリカは世界の警察官ではない」といったオバマ演説の〝愚〟

そのオバマ大統領の言葉で非常に重大なのは、二〇一三年九月十日、シリア情勢をめぐるテレビ演説で「アメリカは世界の警察ではない（America is not the world's policeman.）」と発言したことです。しかも、二度いっています。

毎日新聞はこう報じています。

《オバマ米大統領はシリア問題に関する10日のテレビ演説で、「米国は世界の警察官ではないとの考えに同意する」と述べ、米国の歴代政権が担ってきた世界の安全保障に責任を負う役割は担わない考えを明確にした。

ただ、「ガスによる死から子供たちを守り、私たち自身の子供たちの安全を長期間確かにできるのなら、行動すべきだと信じる」とも語り、自らがシリア・アサド政権による使用を断言した化学兵器の禁止に関する国際規範を維持する必要性も強調。「それが米国が米国たるゆえんだ」と国民に語りかけた。

大統領は、「(シリア) 内戦の解決に軍事力を行使することに抵抗があった」と述べつつ、8月21日にシリアの首都ダマスカス近郊で化学兵器が使用され大量の死者が出たことが攻撃を表明する動機だと説明した。「世界の警察官」としての米国の役割についても「約70年にわたって世界の安全保障を支えてきた」と歴史的貢献の大きさは強調した》

毎日新聞のこの記事には引かれておりませんが、オバマ大統領は同じ演説のなかで「恐ろしい出来事が世界中で起きているけれど、あらゆる悪を正すのはわれわれの力を超えている（Terrible things happen across the globe, and it is beyond our means to right every wrong.）」ともいっています。

第二次大戦後、アメリカとソ連との激しい対立や冷戦があったものの、世界の自由社会の秩序はアメリカのおかげで守られてきたといっても過言ではありません。そして、アメリカが世界の警察官としてがんばってくれたおかげで、あのソ連も崩壊しました。意識すると意識しないにかかわらず、アメリカが世界の警察官的な役割を果たしてきたことは明らかな事実です。

そのとき、「だんだん世界の警察官としての役割を減らしていきたい」というのならわからないでもありませんが、アメリカの大統領が〝America is not the world's policeman.〟と断言したのは疑問に思います。しかも、二回もいった。これは非常に大きい問題です。

たとえそういうことを考えていたとしても、アメリカの大統領がそれを口に出すか、出さないかは、これは大きな違いです。

ほんものの警察署が「われわれは、これからは〝悪〟の取り締まりをしない」と明言したらどうなりますか。社会に〝悪〟がのさばるに決まっています。実際上、警察官の役割が薄くなっていたとしても、「これからは〝悪〟の取り締まりをしない」と宣言するのとしないのとでは雲泥の相違があるのです。

オバマ大統領のこの演説が将来どのくらい影響するか。まだなんともいえませんが、これが好影響をもたらすことだけは絶対にありません。

アメリカの軍事力はいまでも世界のほかの国に較べて隔絶して強いことは確かです。しかしながら、〝世界のポリスマン〟として活動するには財政的な余裕がない。オバマ発言にはそんな意味も込められているのかもしれません。

アメリカの優秀なトップに押し切られる愛国心なき日本のエリート

米ソの東西冷戦がまだつづいていた昭和六十年（一九八五年）ごろのことです。日本の輸出は断然伸びていました。当時はどの国もだいたい貿易収支がトントンでしたが、日本だけは貿易黒字が非常に大きく、アメリカだけが逆に、赤字が非常に大きく積み上がっていました。ちょっと見ると、日本が黒字になった分、アメリカが赤字になっているような感じがありました。

しかし、事実はそういうことではありませんでした。日本の黒字は世界中に製品を輸出した黒字だったのに対し、アメリカは世界中からモノを買った挙句の赤字だったからです。ところがアメリカは、「日本はアメリカ製品を買わないで、わが国にばかり売りつける。そうして黒字を貯め込んでいる」と吹聴したのです。

そこで私はその後、評論家の唐津一さんと共著『アメリカの〝皆の衆〟に告ぐ～日米関係なにが不均衡なのか』（致知出版社）を出すことになったとき、「日米ひとり当たりの輸入品購買額を比べてみようじゃないか」という話になりました。すると、国民ひとり当たりで較べた場合、むしろ日本人がアメリカから買っている額のほうが多いことが判明しました。アメリカのいい分は当てにならないのです。

そこで、アメリカ大使館の公邸をお訪ねする機会があったとき、当時のモンデール大使にその事実を指摘しました。すると、大使は「ウーム」といったきりで、なにも答えられませんでした。

私や唐津さんが以上のような指摘をしているのに、日本の外交官はどうもそういう説得の仕方をしてこなかったのではないかと思われます。

昭和六十年（一九八五年）九月の「プラザ合意」は、日米のほかにイギリス、フランス、西ドイツ（当時）の蔵相がニューヨークのプラザ・ホテルに集まって「円高ドル安路線」を決めた合意ですが、実質上は日米二国間の合意でした。日本側は竹下（登）蔵相、アメリカ側はベーカー財務長官が出席しています。

その会議で、ベーカー長官は一にも二にも日本の円を切り上げて円高に誘導、そして日本の輸出をストップさせようとしたわけです。プラザ合意の直後、日本の輸出産業は軒並み苦しんだものです。竹下さんは一方的に押し切られてしまった格好でした。

ベーカー財務長官はプリンストン大学を出た法学博士で、秀れた法律家です。かたや竹下さんは地方の中学校の代用教員出身です。これでは獰猛《どうもう》なオオカミと柴犬の喧嘩みたいなものですから、オオカミが勝つに決まっていたのです。

ここでなにをいいたいかというと、アメリカの大衆は日本の大衆より知的文化レベルが低い人も大勢いるわけですが、しかし上のほうへ行くと、その人たちの質はきわめて高いのです。長い目で国の動向や先行きを洞察して、非常にずるい手も打ってくる。それほど賢明な人たちがいるということです。

それに対して、日本には非常に勤勉な大衆がいるけれども、政治家や官僚たちには愛国心が欠如している人が多いし、なによりもガッツがない。そのためにプラザ合意のようなものを押し付けられてしまうのです。

どうもそのあたりに日本とアメリカの大きな相違があるのではないかと、私は見ています。

アメリカの「日本潰し」を警戒せよ

プラザ合意のときも、日本の製造業者たちは製品を小型化したり、省エネを実現したりして、わずか一年二か月で円高を克服してしまいました。いまいったように、日本の大衆や民間企業はきわめて勤勉で優秀ですから、日本経済は以前より好調になり、そしてそれがその後のバブル景気へとつながっていきました。

バブルで企業業績はどの社も絶好調。株価もウナギ上りでした。土地の価格も天井知らずに上昇した。

すると、そのときどういうことが起こったか。

大蔵省の銀行局長が国会にもかけないで、「総量規制」と呼ばれる通達を出したのです（平成二年三月）。通達の骨子は「以後、不動産業者や建設業者に融資をしては罷《まか》りならぬ」というところにありました。そんなバカげた通達を出した銀行局長は、土田正顕《つちだまさあき》。彼の出した通達ひとつで、バブルがはじけたのです。亡くなられた評論家・谷沢永一さんは私との対談本『誰が国賊か』（文春文庫）のなかで、たいへん怒っておられました。

《総量規制から一ヵ月か二ヵ月で、全国平均、土地の価格が約三割（中略）下がったわけです。

最盛期において日本中の土地の担保価格は二二〇〇兆円ありました。それが三割下がったとすると、六六〇兆円の担保価値が、空中にパーンと消えてしまったということです。日本の経済を支えておった富が六六〇兆円、瞬間に消えたわけです。

これはもう、天人《てんじん》ともに許されざる、大悪行《だいあくぎょう》です》

このとき、私は《田中角栄だって、問題にされたのはピーナッツ五億円ですからね》と応じています。

さて、だれがどう考えても、バブルで損をした人はおりません。みな、儲けたか、儲け損ねたかです。

そこで儲け損ねた人を考えてみると、いちばん目につくのが官僚です。官僚は儲けるわけにはいきませんので、バブルでは儲け損ねた。バブルの恩恵を受けられなかった。それから、意外に新聞記者などにも儲け損ねた人が多いのです。

私の知っているところでは——同期入社の新聞記者でも、ローンを組んで家を買った記者と住宅ローンなど組まずにみんな飲んでしまった記者がいました。そしてバブルが到来したら、後者はもう永久に土地や家を買う可能性はない。前者はローンで買った土地や家の値段がぐんぐん上がる。そうした極端な差が出たことを非常に鮮明に憶えています。

そうすると、バブルで住宅を買えなくなった記者たちはものすごい怨念《おんねん》を抱いてバブル潰しの報道に走りました。バブルを潰させるために世論を誘導した。儲けるわけにはいかない官僚もそうでした。周囲の人たちがバブルの恩恵に与《あずか》っているのを見て、嫉妬し怨念を抱いたのです。

谷沢さんは『誰が国賊か』で、こう語っています。

《この土田正顕の住所を私はちょっと調べてみたんですが、何も豪壮な家に住んでいるわけじゃありません。見に行ったわけではありませんが、庭付き一戸建てではなくて、マンション住まいのようです。要するに通常のサラリーマンと同じ生活です。

そうすると、浮き世で土地を転がしているだけで、ものすごく儲けている連中、あるいは銀座の帝王、北新地《きたしんち》の帝王と言われるような贅沢をしている人間を見れば、そりゃ、奥歯をぎゅっと嚙《か》みしめたくなるほど腹が立ったことでしょう》

そして、以下は根拠のある話ではありませんが、そうした怨念を抱いている官僚や新聞記者を後ろから焚き付けたのはアメリカだったのではないか。私には証拠を挙げるだけの力はありませんが、高級官僚にバブル潰しを働きかけたのはおそらくアメリカであったろうと睨んでいます。げんに、国際的に活動している銀行に対して、総リスク資産の八パーセントの自己資本の保有を求める「ＢＩＳ《ビス》規制」の導入を主導したのはアメリカでした。まさに日本がバブルの渦中にあった一九八八年にその合意がなされ、バブル潰しの有力なファクターになったのは周知のとおりです。

バブルが潰れる前の国際的な経済雑誌を見ると、世界の銀行のランキングの一位、二位、三位ぐらいまでは日本の銀行だったように記憶しています。それがいまはどうですか？イギリスの「フィナンシャル・タイムズ」発行の金融雑誌「ザ・バンカー」の二〇一三年七月号は「世界の銀行ランキング」を発表していますので、それをご覧ください。

・一位　中国工商銀行（中国）＝二七七兆円
・二位　三菱ＵＦＪフィナンシャル・グループ（日本）＝二六九兆円
・三位　ＨＳＢＣホールディングス（イギリス）＝二六八兆円
・四位　ドイツ銀行（ドイツ）＝二六四兆円
・五位　クレディ・アグリコル（フランス）＝二六三兆円
・六位　ＢＮＰパリバ（フランス）＝二五〇兆円
・七位　ＪＰモルガン・チェース（アメリカ）＝二三五兆円
・八位　バークレイズ（イギリス）＝二三四兆円
・九位　中国建設銀行（中国）＝二二一兆円
・十位　バンク・オブ・アメリカ（アメリカ）＝二二〇兆円

かつては十五行もあった都市銀行が五行に合併しても、いまランキングに入っているのはいちばん規模の大きい「三菱ＵＦＪフィナンシャル・グループ」だけです。そしてこの間、債券発行権のある銀行（日本長期信用銀行、日本債券信用銀行）が二つとも潰れたし、拓殖銀行など、いろいろな銀行が潰れ、それらの日本の銀行を買い取ったのはアメリカのファンドでした。

日本の庶民や民間企業は優秀ですが、政治家や官僚、マスメディアには甘いところがあります。そこをアメリカに突いてこられると……日本の将来はきわめて危うくなってくるのです。いまのところ、オバマ政権は汚いことまでやってくる気配はありませんが、アメリカはいつどういう手を打ってくるかわからない国であることは既述したとおりです。十分、気をつけなければなりません。

第四章　エネルギーの安全保障体制を急げ

地方選で「脱原発」を叫ぶ愚

二月九日開票の東京都知事選挙では、約二〇〇万票を獲得した舛添要一氏が勝利しましたが、この選挙の争点として急浮上したテーマが「脱原発」でした。

その背景には、元首相の細川護熙《ほそかわもりひろ》さんが同じ元首相の小泉（純一郎）さんの後押しで、突如として出馬してきたことがあります。このふたりの元総理が二人三脚のようにして「脱原発」を叫び続けたのです。

雑誌「ＷｉＬＬ」の三月超特大号の「蒟蒻問答《こんにやく》」というページで、ジャーナリストの堤堯《つつみぎよう》さんはこういって、ふたりの元総理をバッサリと斬っています。

《かたや未曾有の格差社会をもたらしたスーダラ総理（小泉）。かたや政治の混迷を招いたボンクラ総理（細川）。二人ともこの日本にとって悪さしかしない。二人のゾンビがコンビを組んで、またぞろ悪さを仕掛けている、というのが都知事選の構図だね》

私も細川さんに対してはいいたいことがあります。「いいたいこと」というより「批判」といったほうが適切でしょう。

じつは、細川さんは私が長年、教壇に立っていた上智大学の卒業生であり、おそらく彼には英語を教えたことがあると思います。〝閻《えん》魔帳《まちょう》〟を探せば「細川護熙」という名前が出てくるはずです。

ついでにいっておけば、佳代子夫人のほうは上智大学の英文科卒業ですから、私はよく存じ上げております。立派な生徒でした。

そんなこともあって、平成五年に細川さんが晴れて首相の座に就かれたときは、上智という弱小な大学から首相が出たということで、心から喜んだものでした。また、細川さんは戦国時代のキリシタンとして有名な細川ガラシャ夫人の子孫に当たりますので、上智大学の比較文学研究者ヨゼフ・ロゲンドルフ先生がたいへん喜んでおられた姿も目に浮かんできます。

私と細川さんのあいだにはそういう関係がありましたので、昭和四十四年に彼が最初に立候補したときは応援に出かけたこともあります。

ところが、細川さんは首相になると、日本武道館で行われた「戦没者追悼式典」で、日本の首相として初めて「日本のアジアに対する加害責任」を表明したのです。「日本は侵略戦争をした」といってアジア諸国に謝罪した総理大臣は彼が最初でした。「日本は侵略戦争をした」と、首相が明言するのとしないのでは非常に大きな差がありますので、私はこの点において、いまもって細川さんの歴史観を許してはおりません。

そして、首相をお辞めになった経緯でありますが、佐川急便から受けとった一億円についての説明がうまくできず、国会が空転した結果の退陣でした。これは今回、猪瀬（直樹）都知事が辞めた理由とまったく同じです。違いは、五千万円と一億円という金額だけです。

その弁明として、細川さんはいま、「あれはお返ししました。もう済んだ話です」とおっしゃっているようですが、そんなことをいえば猪瀬元都知事だって五千万円を返却しています。厳たる事実は、猪瀬さんと同じ理由で辞めた人間がまた、同じ都知事に立候補したということなのです。

さらにいえば、ジャーナリストの池上彰さんのインタビューに対して、細川さんが——「安倍さんが『オリンピックは原発問題があるから辞退する』と言ったら、日本に対する世界の評価が格段に違ったものになっていたのに」と答えているのも問題です。これは出馬表明をする前の発言ですが、立候補してからは、東京に決まったオリンピックの開催を中止するのはさすがにまずいと思ったのか、「規模縮小」や「被災地・東北との共催」などと方向転換をしています。それでも、オリンピックをめぐる細川発言は、かつて青島幸男氏がいったん決まっていた「世界都市博覧会の中止」を掲げて都知事に立候補、当選すると都市博を取りやめて都を大混乱におとしいれた〝悪夢〟(平成七年)を思い出させました。

今回の細川さんにしても、また青島氏や前民主党政権にしても、ポピュリズムで人心を掌握しようとする劣悪な手法に頼っています。だから私は細川さんが出馬を表明したとき、即座に、「これはまずいんじゃないか」と感じたのです。

原発停止で毎日、百億円のムダ金が流出している

さて、細川・小泉の元首相コンビが打ち上げた「即原発ゼロ」に関しては、末梢的なことから申し上げると、東京都には原発は一基もありません。したがって、東京で「脱原発」を叫ぶことには非常に強い違和感があります。強いて「無くす」とすれば、東京都に

電気を送っております新潟県の原発を無くすということになりますが、それはもちろん都知事の権限ではありません。

　そもそも原子力発電というのは国のエネルギー方針にかかわる問題ですから、一首長、しかも原発がない地域の首長が取り上げるテーマとしてはきわめて的外れだといわざるをえません。それにもかかわらず、「即原発ゼロ」というワン・テーマを掲げて都知事選に立候補した細川さんは、政治家として、いったい原発の重要性を認識しているのか、と問いたいと思います。

　同じことは、小泉さんに対してもいえます。すっかりご老人になってオペラでも愉しんでおられるのかと思っていたら、いきなり髪を振り乱して「脱原発」を絶叫しはじめました。近ごろではあちこちで原発批判をつづけているようです。いわく――「原発のコストがいちばん安いからといって、新設・増設とはいかない」。またいわく――「自然エネルギーや再生可能エネルギーの技術開発に投資し、環境先進国を目指すべきだ」。さらにいわく――「いま、『ゼロ』という方針を打ち出さないと将来『ゼロ』にするのはむずかしいんです。野党はみんな原発『ゼロ』に賛成だ。（安倍）総理さえ決断すりゃあ、できる。あとは知恵者が知恵を出すさ」。

じつに乱暴な発言です。

ところが、小泉さんが絶叫すると、朝日や毎日、東京（中日）新聞あたりは大喜びでトップ記事にしています。この三紙は初めから「脱原発」派で知られておりますが、私にいわせれば「脱原発」は「脱エネルギー」と同義であり、それは国を滅ぼす道につながっている。その意味で、朝日・毎日・東京（中日）の姿勢はまことに亡国的だといわざるをえません。

小泉さんは菅元首相と同じように、「原発を停めても、ちゃんと電気はついているじゃないか。停めても大丈夫じゃないか」という趣旨のことをいっていたように記憶しておりますが、これはとんでもない発言です。なんとなれば、原発の稼働をストップさせているため、日本からは毎日、百億円のムダ金が出て行っているからです。一年で三兆六千億円。そうしたムダ金の流出を考えたら、「原発を停めても、ちゃんと電気はついているじゃないか」などというのは、とても政治家の発言とは思えません。

小泉さんは無責任な人ですから、「原発を停めているうちに〝代わり〟を考えてくれる人が出てくるよ」ともいっているようですが、小泉内閣が五、六年つづいたあいだに原発に代わるエネルギーを考える人が出たか、と私は問いたい。

代替エネルギーを考えてくれる人が出てくるまで赤字を垂れ流す余裕など、日本にはないのです。

結局、都知事選では舛添要一さんが当選し、細川さんは同じく脱原発派の宇都宮健児氏に次ぐ三位で、落選しました。しかし、反原発派の人たちからは、「脱原発が争点にならなかった」「二位の宇都宮健児氏と三位の細川氏の票を足せば舛添氏と拮抗している」とか、はては「舛添氏も長期的には原発依存を減らしていくという意見だから、都民は脱原発を選んだのだ」といった牽強付会《けんきょうふかい》な意見まで飛び出す始末です。

しかし断乎原発支持の田母神俊雄さんは六十万票以上の票を取りました。組織も政党の支持もないのにです。これと舛添票を合わせると、原発継続支持は脱原発派を大きく引き離しています。さすがに朝日新聞も、この現象を大きく取り上げ、注目すべきことだと論じています。

今後も、各地方での選挙で無理やり脱原発を争点に掲げ、世論を攪乱していく勢力には気をつけなくてはなりません。

自然エネルギーは原発の代替に絶対ならない

原発に関しては大きな誤解がいくつかありますので、以下、順次お話ししていきたいと思います。

ひとつは、細川さんもよく「自然エネルギー」ということをいいますが、原発の代わりになるような自然エネルギーはないということを知るべきです。太陽光発電とか風力発電、あるいは地熱発電、バイオマス発電……などなど、いろんな代替エネルギーが取りざたされてきましたが、発電量からいっても安定度から見てもほとんど問題になりません。

それは、国内の五十基ほどの原発が一基も稼働していない〝穴〟を埋めているのが火力発電であることからもわかります。

私の郷里の山奥では、戦後、村を沈めてつくったダムと発電所ができました。発電量は七万キロワットです。このように、戦後の日本ではいたるところの川にダムをつくり村を水底に沈めたのです。しかしその総発電量は日本全体の発電量と比べてたった七パーセントしかありません。有名な黒部ダムの発電量でも、小型火力発電所一基並です。これだけを考えても、自然エネルギーでは、とてもではないけれど〝穴埋め〟はできないのです。

かつて私も、太陽熱温水を家庭で利用したことがあります。もう四十年も前のことですが、家の屋根にお湯を沸かす設備を取り付けたのです。意外に熱いお湯が出てきましたが、長つづきはしませんでした。天気の悪い日は熱くならないし、夜はお湯が出ないからです。

そんなわけで、一年もしないうちに設備を取り払ってしまいました。工事費はたいしたことはありませんでしたが、屋根の瓦はだいぶ傷んだようでした。

いま、話題にされている太陽光発電のパネルはそんな幼稚なものではないでしょうが、雪が降ればダメだろうし、台風がきたら止めざるをえない。では、夜はどうだろうか、梅雨のときは大丈夫だろうかという疑念が去りません。

そんなとき、九州のリニアモーターカーの実験線跡につくった太陽光発電が失敗に終わったという話を聞きました。パネルが火山灰や砂で覆われ、発電できなくなったというのです。火山灰を全部きれいにするには時間と費用が膨大に嵩《かさ》むといいます。

したがって、太陽光発電は火山が多く、地震も多い日本には向かないことがはっきりしました。

雪国生まれの私は、冬の雪下ろしを連想したものです。雪国では屋根に積もった雪を人の力で下ろさなければなりませんが、それが大仕事なのです。高齢者にはキツすぎる労働です。じっさい、ムリして屋根に上がったはいいが、下ろす雪といっしょに落ちて亡くなるご老人の話もときどき耳にしたものです。

では、太陽光発電で、ふつうの家や工場の屋根にパネルを張った場合はどうなるか。

垂直の窓ガラスでも一年もすれば、ずいぶん汚れます。屋根に置くパネルは水平に近いので、埃や砂は想像以上に積もるでしょう。そのとき、発電効率を維持するためにはパネルの表面をきれいにしておかなければならない。何か月かに一度、クリーニングが必要となるでしょうが、その費用はいくらぐらいかかるのか。そして、クリーニングを自分でやったら、私の雪国暮らしの経験からいって、年間、数十人の人が屋根から落ちるに決まっています。雪国と違って、下は固い土やコンクリートです。下手をすれば死ぬか、かなりの重傷を負うはずです。

原発停止なら日本の産業空洞化が進む

いま、火力発電の燃料になっているのはほとんどすべてが輸入されたエネルギーです。

海外から運ばれてくる石油や液化天然ガス（ＬＮＧ）を燃やしてエネルギーを出しているわけですから、わが国の経常収支や貿易収支の赤字は過去最大となってしまいました。

一月中旬の日本経済新聞はこう報じています。

《財務省が14日発表した２０１３年11月の国際収支（速報）によると、モノやサービス、配当、利子など海外との総合的な取引状況を示す経常収支が５９２８億円の赤字になった。赤字は2カ月連続で、比較可能な１９８５年以降で最大だった。燃料輸入の増加で貿易赤字の拡大が続いていることが影響した。（中略）

主因は輸出から輸入を差し引いた貿易収支の悪化だ。貿易収支は１兆２５４３億円の赤字となり、85年以来、11月として過去最大になった。（中略）

原子力発電所が稼働停止する中で、火力発電の燃料となる原油や液化天然ガス（ＬＮＧ）など燃料輸入が約３～４割弱増加。円安進行でドル建ての取引額がかさんだ》

常識で考えてもわかるように、原油やＬＮＧを輸出する産出国のほうは、なるべく高い値段で売りたい。輸入する側の日本としては、できるだけ安く買いたい。そこで両者のあいだでは駆け引きというか、交渉が行われます。そのとき、もし日本国内で原発が稼働していれば、これは相当に強い交渉力になって、値段を吊り上げてくる相手を抑えることができます。ところが、原発を停めてしまうと、当然、相手国はかなり吹っかけてくるでしょう。燃やすものを買わなければ火力発電もできないわけですから、相手の言い値に従わざるをえない。言い値で買わなかったら、工場は動かない、電車も走らない、日常生活だって立ちゆきません。

こうした窮状がわが国の貿易赤字を空前の規模に押し上げているのです。

では、どれぐらいの赤字かといいますと、前に触れたとおり、日々、百億円のムダ金が出て行っています。原発が稼働していれば要らないお金が日本から流れ出て、年間ではざっと三兆六千億円といわれています。

年間三兆六千億円が発電に上乗せされると、企業にとっての電気料金はだいたい二割ぐらいアップするといいます。いまでもアメリカの約二倍もする電気料金がさらに高騰すれば、経営者は海外へ出て行くことも考えなければならなくなります。日本の産業の空洞化が進み、それはひいては雇用にも大きな悪影響を及ぼすことになります。日本経済に大打撃を与えることになるだろうことはいうまでもありません。

こうしたデメリットについは、国民としても知っておいてもらわないと困るのです。

非核保有国として唯一認められた再処理技術の活用を急げ

第二には、わが国は非核保有国で唯一、使用済み核燃料の再処理が認められている国だということです。これも意外に知られておりません。

では、どうして日本に再処理が認められているかというと、「日米原子力協定」があるからです。ところが、その日米原子力協定の満期は三十年で、その期限があと四年後に近づいているのです。

日本の再処理は青森県六ヶ所村にある日本原燃の再処理工場で行います。使用済み核燃料からプルトニウムおよび使用可能なウランを取り出したあと、不要な核分裂物質をガラスで固めるわけですが、二〇一三年五月、そのガラス固化体に成功しています。使用済み核燃料を再利用する「核燃料サイクル」は資源の乏しいわが国とってじつに重要なエネルギー戦略となるのです。

ところが、この再処理工場の稼働もストップしたままなのです。二〇一三年の暮れに核燃料施設に対する「新規制基準」が施行され、「原子力規制委員会」（委員長は田中俊一「日本原子力学会」元会長）が「その基準を充たさなければ稼働させてはならない」としたからです。これはじつに大きな問題なのです。もしこのまま再処理工場が動かないと、日米原子力協定の継続も怪しくなってくるからです。そうなったら、非核保有国ではただ一国、再処理が認められている日本のエネルギー政策も根幹から揺らいでしまいます。

さらに重要なのは、日本が「核燃料サイクル」を認められていることはどういうことかといえば、わが国は原発に関しては〝資源国〟だということを意味しているのです。原発を稼働させれば、使用済み核燃料をいくらでも取り出し、そしてそれを再利用できるわけですから、海外からウランを買う必要など、まったくありません。いわんや、日本原子力研究開発機構が開発を進めている高速増殖炉「もんじゅ」（福井県敦賀市）が成功すれば、日本は原発の〝大資源国〟になる、といっても過言ではないのです。

高速増殖炉というのは原子力発電が一段と進んだもので、太陽と同じ原理で発電する装置です。太陽はあれだけのエネルギーを出しつづけながら、いまもって燃え尽きる徴候はありません。それはなぜかというと、太陽は消費した量以上の燃料を生み出すことができるからです。

高速増殖炉も太陽と同じ原理で燃えます。ですから、「もんじゅ」もいったん運転に成功すれば、燃料はまったく減らない。それどころか、増えつづける。「もんじゅ」を二十五年ぐらい稼働させると、原発一基分の燃料が生まれるとさえいわれています。

したがって、「もんじゅ」がうまくいけば、日本は二度と核燃料を買わなくて済むようになるのです。「もんじゅ」こそ、希望の星なのです。

世界の利益となる日本の原発輸出

日本が外国から資源を買うというのは、お金の面で赤字が増えるということだけでなく、別の意味でも危険を抱え込むことになります。

たとえば、「原発をやめて、アメリカで出るようになったシェールガスを買えばいいじゃないか」という人がいます。シェールガスは、現在はＬＮＧより少し安いかもしれませんが、風の吹きまわしによれば高くなるかもしれません。それだけでなく、シェールガスにしろ、ＬＮＧにしろ、日本の基幹産業の活動の大元になる電気を、燃料産出国に抑え込まれるというのは国家運営という面から見てもたいへん危険なのです。外国に日本のエネルギー問題の〝首根っこ〟を押さえられるということだからです。

そんな状態にある日本のなかで、原発だけがようやく首根っこを捕まれることから半分ぐらい逃れられています。それを手放すというのはきわめて危険なことなのです。

原発というのは、その点が火力発電と大いに違うのです。

世界中の国ぐには、そんなことはいわれなくても気づいていますので、ロシアなど、二〇三〇年までに原発を二十八基から三十六基も輸出する予定があるといっています。

中国も沿岸部に約四十基の原発を建設すると同時に、今後の三十年間で原発をなんと百基も建設する計画を熱心に推進しています。

韓国も日本海の沿岸部に原発を二か所新設することを決めているし、前の李明博《イミョンバク》大統領が海外へ原発を売り込む〝トップ・セールス〟に熱心だったのは周知のとおりです。そこでイギリスなど、「将来的に原発は日本と中国の競争になるのではないか」と見ているくらいです。

じっさい、日本の原発技術は現在のところ最も進んでいるといっていいでしょう。マグニチュード9という、あれだけの大地震に見舞われながらも、日本の原発は一基も壊れませんでした。一ミリもヒビが入らなかった。安全性のきわめて高い原子炉であることがわかったのです。

念のためにいっておけば、福島第一原発で事故が起こったのは、あれは大津波のせいでした。原子炉それ自体はびくともしませんでした。

だからこそ、スリーマイル島の原発事故（一九七九年）以来、新しい原発を建設するのを三十年以上ストップしていたアメリカが、東日本大震災の数か月後に原発建設再開を決断したのです。「原発は安全だ」という確信をもったからです。そして、東芝の子会社に注文を出しています。

そうした〝原発先進国〟であるわが国が、原発重視という世界の流れから脱落するわけにはいきません。幸い、安倍首相は二〇一三年の外遊時、トルコで「過酷な事故の経験と教訓を世界と共有し、原子力安全の向上に貢献するのは日本の責務であると考える」といって原発再稼働に意欲を見せていました。

国内ではまだ明言しておりませんが、二〇一四年一月二十四日の施政方針演説では「原子力規制委員会の安全性確認がないかぎり再稼働はない」とおっしゃっています。逆にいえば、原子力規制委員会が安全性を確認すれば、再稼働に〝GO〟を出すということですから、これは心強い演説なのです。

安倍さんご自身、原発の輸出にはきわめて積極的です。昨年は〝トップ・セールス〟で、トルコへの原発輸出も決めてこられましたし、UAE（アラブ首長国連邦）とも原子力協定を締結しています。海外での原発建設はぜひ世界に冠たる日本の技術でやっていただきたいと願っています。

エネルギー問題から戦争が起きた歴史を直視せよ

ここで、ちょっと脇道に入りますが、エネルギー問題が国家戦略においていかに重要か、ということについてひと言お話ししておきます。

歴史をさかのぼればわかるように大東亜戦争で日本が敗戦するに至る原因も、すべてはエネルギーにかかわっておりました。

そもそも産業革命は、イギリス人が石炭の利用法を発見し、蒸気機関をつくったことにはじまります。これによって、鉄鋼業において大量の鉄がつくれるようになったことはご承知のとおりです。

わが国も、明治以降は石炭の使い方を知るようになり、しかも幸いなことに石炭は国内で産出できましたので、石炭の輸出国となることもできました。日露戦争（一九〇四年～〇五年）以降は戦艦もつくれるようになり、石炭全盛の時代を迎えます。

このあたりまで、わが日本がエネルギー問題に悩まされることはありませんでした。むしろ、エネルギーの輸出国であったことはすでに触れたとおりです。

ところが、その日露戦争からわずか十年後の第一次世界大戦に際して事情は一変してしまいます。

戦争が石炭から石油の時代へと移ったのです。戦艦はもちろん、地上でも騎兵が消えて戦車になり、さらに飛行機も登場してきました。これら兵器は石炭では動きません。燃料はすべて石油です。

そこで、第一次大戦を見に出かけた観戦武官は愕然《がくぜん》とならざるをえなかった。なんとなれば、日本では石油は産出しない。「ということは……日本は永久に戦争のできない国になってしまった」と悟ったからです。仮に外国から石油を買って戦争したとしても、それでは勝てるはずもない。「そんな国になってしまった」と落胆したのです。

そこで、日露戦争における日本海海戦の英雄・秋山真之（連合艦隊の作戦参謀）など、晩年、頭がおかしくなってしまいます。自分の国がエネルギーをもっていないということがいかに強く失望をもたらしたか、ということを雄弁に語るエピソードだと思います。

かくして昭和十六年、アメリカに石油禁輸政策をとられ開戦に追い込まれると、日本軍は石油が出るスマトラ島のパレンバンの占領に打って出たわけです。

しかし、ご存じのとおり、日本はその戦争に敗れます。

日米戦争に大敗した日本は石炭に活路を求めますが、世の中は石油の時代ですから、石炭ではとうてい立ちゆきません。そうした日本が奇跡の復活を果たせたのは、中東において驚くほど豊富で、しかも質（オクタン価）の高い石油が出たからです。

その後、わが国は安い石油をエネルギーにして高度成長を実現してゆきます。

しかも、戦争で工場が破壊されていたため、石油コンビナートは沿岸部につくったわけですが、これが結果的には幸いした。たとえば、鉄道で輸送しようとすれば十トン貨車を百輌つないで、ようやく一千トンです。ところがタンカーなら一隻でその何倍、何十倍と運べます。効率もいい。

戦後日本の驚異的な経済的発展は、いろいろな理由はあるでしょうが、その大きなもののひとつは安く質のいいエネルギーを確保できたことにありました。

ところが、昭和四十八年（一九七三年）、第一次オイルショックに見舞われます。その六年後の五十四年（一九七九年）には第二次オイルショック。原油価格はアッという間に二倍、三倍……にハネ上がっていきました。

日本の企業は、省エネを筆頭とした卓抜した技術力を駆使してオイルショックを乗り切りましたが、ＯＰＥＣ（石油輸出国機構）に首根っこを押さえられた石油に依存したままでは「危ない」と気づいたから、日米戦争の直接の原因が石油問題であったことを骨の髄《ずい》まで知っていた世代の政治家・実業家・学者などが、原子力へと舵を切ったのです。

こうして駆け足で歴史を振り返っただけでも、福島第一原発事故を見て「即原発ゼロ」などと叫ぶのがいかに愚かしいことか、おわかりいただけるのではないかと思います。

しかも、核エネルギーはいろいろ心配されているほど危険なものではないのです。

放射線に対する根強い誤解

そこで、つぎは放射線に対する根強い誤解について触れておきたいと思います。

もちろん私は原子力に関しては素人ですが、原発事故が起こったあと、「ＷｉＬＬ」に「原発興国論」のようなものを書きました。世の中の反原発ムードを批判するために書いた論考ですが、思いのほか長くなってしまいました。すると、発行元の「ワック株式会社」が「Ｗｉｌｌ」に掲載したあと、小さな本にしてくれたのです。『原発は、明るい未来の道筋をつくる！　～原発興国小論』（ワック）というのがその本ですが、それをお読みになった専門家の先生から「一〇〇点満点である」という折紙を付けていただきました。

それのみならず、昨年の初夏、なんと今度は放射線医学の権威である中村仁信《なかむらひろのぶ》先生（大阪大学名誉教授）から「対談本をつくりたい」というお誘いまでいただいたのです。その対談から生まれたのが『原発安全宣言』（遊タイム出版）です。

大学時代、私は貧しかったものですから、特待生になって授業料を免除してもらわなければなりませんでした。そのため、物理学史であれ、化学であれ、生物学であれ、わからないところが一カ所もないようにして全教養科目で一〇〇点を目指した思い出があります。ですから、理科系の大学生と同じレベルで「自然科学をやった」とまではいえないものの、大学の教養課程レベルの自然科学であれば、完全に理解できたという自信はあります。

そこで、今度の原発事故に際しても積極的な発言をつづけているのです。

そうして発言をつづけているあいだに、私は長崎医大の放射線学者・永井隆博士の本を読み返してみました。長崎に原子爆弾が投下されたとき、博士は爆心地から七百メートルの距離にある長崎医大で被爆されました。その永井博士のエッセーをもとにして、藤山一郎が歌って大ヒットした歌謡曲が「長崎の鐘」です。

永井博士には『ロザリオの鎖』（ロマンス社、一九四八年刊）とか、『この子を残して』（大日本雄弁会講談社、一九四九年刊）といった著書があります（両書は現在アルバ文庫に収められている）。それをどういうわけか、うちの父が買ってきましたので、私も若いころに読んでいます。そして永井夫人の死などが強く印象に残っておりました。

古い本を開いてみると、こんな記述がなされているところです。

《夕方、私（永井博士―渡部注）は家に帰った。ただ一面の焼灰だった。私はすぐに見つけた、台所のあとに黒い塊を。――それは焼け尽くした中に残った骨盤と腰椎であった。そばに十字架のついたロザリオの鎖が残っていた》（『ロザリオの鎖』）

この箇所を読み返すまで、永井夫人の死は放射線によるものだとばかり思っていました。ところが、この記述を読めばわかるとおり、夫人の死は原爆のきわめて高温の熱による焼死だったのです。

戦後すぐのときは、広島・長崎の原爆被害は大いに恐れられたものですから、長崎の被害も放射線によるものだと、すっかり思い込んでいたわけです。それは若いころの私だけのことではなく、多くの大人たちもみな、そう思い込んでいたに違いありません。

しかし今回、改めて読み返してみてわかったのは、放射線による被害などほとんどといっていいほど記されていない、ということでした。

永井博士は秀れた放射線学者でしたから、放射線についてはじつに冷静に科学的な記述をしています。そのいくつかをご紹介しておきましょう。

《ある一定量以下の放射線を受けるにすぎないならば、いくら長く(放射線室に――渡部注)勤めても安全である》(『この子を残して』)

さらに興味深いのは、こう書いておられることです。

《どこからともなく、(長崎には――渡部注)七十五年間は人の住めぬは言うまでもなく、草木も生《は》えぬといううわさが伝わっていた。(中略)爆弾から降った放射能粒子や、地面の原子が得た放射能がそんなに長い期間残っていようとは、どうしても考えられなかった。

（中略）

理論上一応そう考えられても、何しろ最初の出来事だから、実際に験《しら》べてみなければ確かなことは言えない。一日も早く実験測定をしてみたい、したいとあせるけれども、情けないことには器械が一つ残らずなくなってしまっていた。たとい器械はなくとも験べることは験べねばならぬ。（中略）爆心地で、七週間後にたくさんの蟻の列が見つかった。二か月後には、みみずもたくさん見つかった。こんな小動物が生きているのだから、大きな人間の生命をおびやかすほどの放射能はまずあるまい、と推論した》（同上書）

長いあいだの放射線研究で白血病になり、さらに長崎への原爆で被爆し、病勢が悪化するなかでの博士の冷静さ、科学者としての姿勢には頭の下がる思いがします。

そのうち、ほかの大学から器械をもってやってきた学者たちと博士は研究調査を行っておられます。博士の子供さんたちも何度も採血を受け、被験者としてのデータを提供しています。

じつは、ここからが重要なのですが、そうした研究調査をつづけた結果はどうであった

かというと――、

《こうして原子野住居差し支えなしとの結論はいち早く得られ、私たちは郊外の村々に避難している市民に向かい、すみやかに焼け跡に帰り再建にとりかかりなさい、と呼びかけることができたのだった》（同上書）

永井博士はそう書き残しておられるのです。

かくして、長崎は復活しました。

そうしたら、広島のほうも三カ月後から復興運動をはじめています。

これがなにを意味しているかというと――亡くなったかたの大部分は放射線を浴びたからではなく、焼死であったということです。あるいは、建物の倒壊による圧死であった。

もちろん、爆心地にいて原爆の放射線を一挙に浴びて亡くなったかたもおりましたが、それはごく少数であった。

こういう事実が浮かび上がってくるのです。

広島原爆で次世代への遺伝的影響はあったのか

では、原爆投下から三か月後に帰ってきた住民の人たちの健康状態はどうであったか。これは世界の関心事でした。原爆による被害というのは世界で最初の出来事ですから、世界中の科学者が注目していたし、また、世界中から放射線学者や遺伝学者がやってきました。そうして広島には原爆の研究所ができて、それは現在もあります。

そのように追跡調査まで行われた結果はどうであったか。

私との共著『原発安全宣言』のなかで、前述した中村先生はこうお話しになっておられます。

《詳しく言いますと、被ばく後の生存者の子ども、さらにその子どもも調査されていますが、ガンも奇形もありません。40年にわたる約8万人の調査です。両親の被ばく線量は平均約400ミリシーベルトもあったにもかかわらずです。（中略）

正確に言いますと、次世代への遺伝的影響はなかった、あるいは証明されなかったということです。しかし胎児が被ばくした場合は、200ミリシーベルト以上で影響が出ています。精神発達の遅延です。200ミリシーベルト以下では影響はありませんので、福島では心配ありません》（傍点・渡部）

私も広島で被爆した女性の手記を読んだことがあります。

知人の家に遊びに行っていたとき、原爆の爆風で吹き飛ばされ、気がついたら屋根の上だったそうです。やけどがひどくて、玄米療法など、いろいろな治療を受けて皮膚は相当程度回復したと書かれていました。その後、広島で同じように被爆した男性と結婚して、子供さんもお孫さんも大勢できたようですが、だれひとりとして異常をもって生まれた子はいなかったと、その手記にはありました。

屋根まで吹き飛ばされたわけですから、かなりの線量を被曝したはずなのに、それでも大丈夫だったのです。

長崎でも、広島と同様の結果が出ています。

原爆による被害の大部分は熱線であるのに、われわれ日本人は熱線による被害を、放射線による被害と勘違いしてきたのです。放射線というものは、一瞬にして大量に被曝するのでなければ被害は出ないということが素人にはわからなかったのです。

　これこそが動かしがたい事実なのです。

　広島・長崎という二つの都市で、原爆による被害調査の結果が出ているのに、福島第一原発事故に関連して、政府やメディアがそれらのデータを参考にした例はありません。私の知るかぎり、一例もないということができます。

　これはどういうことか？

反日・反米・反核運動家による情報のミスリードを許すな

　一九八六年に原発事故に見舞われた旧ソ連のチェルノブイリはどうでしょうか。

　その後のチェルノブイリを調査した人を知っておりますが、その人の言によれば、チェルノブイリはしっかり復活しているそうです。しかも、チェルノブイリのある現・ウクライナでは一九九三年から原発を再稼働させ、いままた原発を新設しているといいます。

　福島だけが病的に騒いでいるのはなぜなのか？

　事故当時の民主党・菅政権が恐怖感を煽って原発をストップさせようと画策したからに

ほかなりません。

いいですか？　永井博士の先ほどの本によると、原爆を落とされた長崎では当初、「七十五年間は人の住めぬ」街になるだろうという風説が流れました。ところが、「七週間後にたくさんの蟻の列が見つかった。三か月後には、みみずもたくさん見つかった。こんな小動物が生きているのだから、大きな人間の生命をおびやかすほどの放射能はまずあるまい」と、第一線の放射線学者が判断したのです。

また、広島における被爆は原爆によるものでしたから、瞬間の放射線量率は福島原発事故の一八〇〇万倍に達するといわれています。一八〇〇倍ではありません。一八〇〇万倍です。

それなのに、菅政権は放射線の〝恐怖〟を煽り、被害住民に立ち退きを命じたのです。そのため、いまだに帰還ができず、避難生活を余儀なくさせられている人たちは十万人以上にのぼります。いや、十五万人という数字を見た記憶もあります。

民主党・菅政権は、だから広島・長崎の被害調査データを出さなかったのです。避難命令や除染作業の邪魔になるからデータを隠蔽《いんぺい》したのです。つまり、菅政権の原発事故対応は、ひと口にいえば〝反日運動〟だったのです。

彼ら反日運動家は、若いころの私のように広島も長崎もすべて放射線の被害だと思い込んでいる無知の日本人たちを騙して、原発の恐怖を煽り立てているのです。これは恐ろしい運動だといわなければなりません。

広島大学原爆放射線医科学研究所などを経て、現在は札幌医大で放射線防護学を研究している高田（純）先生によりますと――昭和二十九年に起きた第五福竜丸事件も放射線とは無関係だったといいます。

アメリカがビキニ環礁で水爆実験をしたとき、第五福竜丸は危険区域に近づいたため、〝核の灰〟をかぶりました。やけどをするくらい被爆しました。それは事実です。

その後、乗組員たちは焼津の母港へ帰り、やけどの治療からはじめたところ、そのなかのひとり、無線長の久保山愛吉さんという人が亡くなりました。すると、「水爆の放射線で死んだ」という騒ぎになり、「原爆許すまじ」という歌までうたって、大きな葬儀が営まれました。

ところが、高田先生が調べたところでは、久保山さんが亡くなったのは放射線のせいではなく、肝炎ウィルスに汚染した売血輸血による急性肝炎だったというのです。げんに、久保山さんと同じく第五福竜丸に乗っていたほかの人たちは大丈夫でした。

私はそれを知ってビックリして、『原発安全宣言』をつくる対談の席上、中村仁信先生にその話を披露しました。そうしたら、「そんなことは、知っている医者はみな知っていますけどもね」といわれてしまいました。

久保山さんが放射線被曝で亡くなったのではない、ということは一般には伏せられてきたのです。隠されてきたといってもいい。これは悪質です。

この第五福竜丸事件では〝反原爆〟が〝反米〟と結びついていたわけです。〝反原爆〟は左翼ですから〝反米〟と結びつく。そのなによりの証拠が第五福竜丸事件といってもいいでしょう。

そのため、わが国は原子力船「むつ」を廃棄してしまいました。

青森県の大湊港を母港とする「むつ」は昭和四十四年に東京湾で進水しました。その五年後、北太平洋で放射線漏れを起こします。といっても、それはレントゲン一回分程度の微弱なものだったといわれています。ところが朝日を筆頭とする〝反日マスコミ〟が放射線漏れを大々的に報じたため、大湊周辺の漁民たちは「むつ」の帰港を拒みました。母港に帰れなくなった「むつ」は洋上を漂流するしかありません。

そこで当時の自民党政調会長・鈴木善幸さん（のちに首相）が青森県の漁民たちを宥《なだ》め、

「むつ」を母港に帰すために何億円もの大金をばら撒いて帆立貝の被害を補償したのです。被害は全然なかったにもかかわらず……です。

このように原子力の問題は、医学の問題であり、科学の問題であると同時に、また政治問題でもあるのです。

じっさい、「むつ」を結局は廃棄してしまったため、日本はいまもって原子力船を保持しておりません。当然、国防面からも重要になってくる原子力潜水艦ももっていないし、つくることもできません。そんな状態に追い込まれてしまったのです。

中国でさえ、いまは原子力潜水艦をもっています。「日本を守る」と主張するアメリカは原子力潜水艦だけでなく、原子力空母までもっています。

しかるに、日本はなにももっていないのです。

こうした一連の流れは完全に〝反米運動〟と〝反原発運動〟が手を握った結果です。都知事選での細川さんと小泉さんの「即原発ゼロ」がその延長線上に位置することは明らかです。そして、そのふたりを持ち上げたのが朝日、毎日、東京（中日）新聞。これもまた〝反米運動〟と〝反原発運動〟の系統に当たることはいうまでもないでしょう。

日本の将来が安全であるためには、こうした反日的な勢力はなんとしてでも葬り去らなければなりません。

「一定量以下の被曝は安全」という真実

先ほど私は、永井博士の「ある一定量以下の放射線を受けるにすぎないならば、いくら長く勤めても安全である」という言葉を引きました。福島原発事故を考えるうえでも、ここがいちばんのポイントになってきます。なぜなら、永井博士のこの言葉は、放射線というものは一瞬にして大量に被曝（あるいは被曝）するのでなければ被害は出ないということを強調かつ力説しているからです。

「一瞬にして大量」がいかに害をなすかは、なにも放射線だけとはかぎりません。われわれ人間の体に必要な塩を例にとってもわかるように、毎日ちょっと塩を摂取することは、むしろ必要です。だからといって、塩分の多い醤油の早飲み競争などやったらどうか？死ぬに決まっています。それと同じことなのです。

日光浴にしてもそうです。日光浴は非常に体にいいからといって、真昼のかんかん照りのアラビア砂漠で日光を浴びようものなら、たちまち死んでしまいます。

考えるまでもなく、太陽光は放射線です。太陽光はローソクの光と違います。核融合現象による光です。だから、夏の海辺でまっ黒になるまで日焼けすると、数日後、皮膚がべりべりっと剝がれてくるのです。あれは必要以上に紫外線を〝被曝〟した結果、皮膚が死滅したせいなのです。

それを恐れて、まったく日光を浴びないといかに悪いか。

紫外線を浴びると、体内にビタミンDが生成されますが、このビタミンDは、骨の生成に必須な血中のカルシウム濃度を高めたり、免疫作用を高める作用があるということです（国立環境研究所のHPより）。

逆にこのビタミンDが不足すると、骨粗鬆症《こつそしょうしょう》やくる病などが引き起こされたり、がん、結核、冬季うつ病などの疾病の罹患率が高まるとも指摘されています。

大阪大学医学部の名誉教授・中村仁信先生がおっしゃっていた例ですが、イギリスのエディンバラに黒人女性が越してきて子供を産んだところ、その子に歯が生えなかったというケースがあったそうです。

エディンバラはイギリスの北部で太陽光がきわめて少ない土地です。そのような地域において、肌が黒い人は弱い太陽光線をはね返してしまうので、歯が生えなかったのだというのです。それほど太陽光は必要なのです。

そのため、環境省や日本ビタミン学会、ＷＨＯなども適度な日光浴を推奨しているのです。

「ホルミシス効果」をねじ曲げて恐怖をバラ撒くメディア

以上のような論や実例をもとにして私が主張したいことは、「低線量の放射線は健康にいい」ということです。これはなにも私独自の意見ではなく、「ホルミシス理論」として最近、かなり普及しつつあります。

ホルミシス理論の提唱者はアメリカのトーマス・Ｄ・ラッキー博士（ミズーリ大学名誉教授）です。博士は、夜はウランの上に寝ているそうです。もちろん、少量のウランに決まっておりますが、しかしそのおかげでとても元気で、九十歳を超えた現在でも矍鑠《かくしゃく》としていらっしゃいます。

ラッキー博士が放射線ホルミシスを発見したのは、アメリカ航空宇宙局（ＮＡＳＡ）から「宇宙における放射線の宇宙飛行士への影響について」という調査を依頼されたことがきっかけでした。宇宙飛行士は地上にいるときよりもはるかに大量の放射線を浴びているにもかかわらず、帰還後の健康状態を調べると、前よりよくなっているという結果が出たといいます。ということは、宇宙飛行士が浴びる地上の一〇〇倍もの放射線は健康にとって有益なのではないか……。そう思い当たった博士は研究を重ね、「低線量の放射線は人体にとってかえって有益である」という放射線ホルミシス理論を打ち立てたのです。

ホルミシス療法を実践する健康クリニックは東京にいくつもできています。サウナのような部屋があって、そこに一立方メートル当たり四万五〇〇〇ベクレルの放射線を出す環境がつくられています。その部屋で一時間ぐらい低線量放射線を浴びて、料金は一万円前後。これが健康にいいのです。

私の息子もこの低線量ホルミシス療法のお世話になっておりますが、その後、床屋さんへ行ったところ、なにも知らないそこのおやじさんから「髪質がずいぶんよくなりましたね」と誉められたといっていました。

では、四万五〇〇〇ベクレルという数値はどこから出ているかというと、オーストリアのバートガシュタインというところに放射線が出る古い鉱山跡があって、そこでは一立方メートル当たり四万五〇〇〇ベクレルの放射線が出ているのだそうです。そこはオーストリア政府公認の保養地になっていて健康保険も使えるといいます。したがって「一立方メートル当たり四万五〇〇〇ベクレルの放射線であれば絶対に大丈夫」という保証がある。そこで、安心してホルミシス療法が行われ、また広がりも見せているのです。

ラドン温泉で有名な鳥取県の三朝《みささ》温泉などは自然放射線の三倍ぐらい線量が高いそうですが、害はいっさい報告されておりません。それどころか、岡山大学は三朝のラドン温泉を治療に使っているといいます。

先の中村仁信先生も、以下のように心強いことをおっしゃっています。

《ガンにならないためには、一番重要な免疫力が（ホルミシス療法によって──渡部注）強くなります。低線量放射線によって、リンパ球の仲間であるナチュラルキラー（NK）細胞やキラーT細胞など、ガン細胞を攻撃する免疫系細胞の活性化が起こります》（前記『原発安全宣言』）

ついでにいえば、私の印象に残ったのは「週刊文春」（二〇一一年十二月二十九日号）の記事でした。原発事故後の福島のルポです。「放射能汚染　福島で不気味な植物　巨大化進行中」という大仰なタイトルでしたが、読んでみると――老齢化したため、ここ数年花が咲かなかったサボテンが、葉は肉厚になり、茎も太くなって、数年ぶりにつぼみをつけたと書かれていました。また、バラが異常にたくさん咲いたとか、梨が大きくなったとか……。

こうした現象はすべて、放射線ホルミシスの好影響なのでしょう。

赤坂にひいきにしている天ぷら屋さんがありまして、震災後、行ったところ、非常においしいタラの芽の天ぷらが出てきました。ご主人に産地を訊くと、「福島です」と。そういってから、「でも先生、あまり大きな声でいわないでくださいよ。『福島』と聞くとイヤがるお客さんがいますから」といっていましたが、イヤがる客というのは科学的知識のない可哀そうな人なのです。

放射線ホルミシスの効果はそんなところにもあらわれているのです。こうした事実は多くの日本人に知ってもらわなくてはなりません。

“左翼”が決めた「食品規制値」がまだつづいている！

ところが、菅内閣が“放射線の恐怖”を過剰に煽り立てたものだから、日本の「食品における放射性物質の基準値」は国際水準の十分の一にまで規制されているというのが現状です。この厳しさは異常です。

つぎの表をご覧ください（単位はキログラム当たりのベクレル）。

	飲料水	牛乳	一般食品	乳児用食品
日本	10	50	100	50
米国	1200	1200	1200	1200
EU	1000	1000	1250	400

ここに出てくる「ベクレル」の値を「シーベルト」に換算すると、セシウム137の場合、EU（欧州連合）の飲料水や牛乳の基準値である一〇〇〇ベクレルは〇・〇一三ミリ

シーベルトに相当するといいます。一〇〇〇ベクレルと聞くと、素人はギョッとするかもしれませんが、それが〇・〇一三ミリシーベルトだと知れば「な〜んだ」ということになるでしょう。

それなのに日本の飲料水の基準値は、その百分の一の一〇ベクレルですから、〇・〇〇〇一三ミリシーベルト！　こんな規制などまったく必要ないことは小学生にだってわかります。飲料水の規制の厳しさは、アメリカの一〇〇倍以上なのです。牛乳や乳児用食品にしても二四倍。

こんなバカな規制を決めたのはだれかというと、二〇一四年の衆議院選挙で落選した元厚労大臣・小宮山洋子という人です。

その内情について、中村仁信先生はこう語っておられました。

《当時委員だった東京大学名誉教授の唐木英明先生から、食品安全委員会の状況を最近聞きました。

食品安全委員会は暫定規制値の年5ミリシーベルトをどうするか検討し、10ミリシーベルトでも問題ないという結論を一旦は出したそうです。

ところが、（厚労省の—渡部注）事務官僚は基準を上げたと言われたくないので承服せず、5ミリシーベルトを譲らなかったそうです。仕方なく5ミリシーベルトにしたところ、当時の小宮山大臣がスタンドプレーで1ミリシーベルトにしてしまったのです。

全くひどい話です。何のための委員会だったか分かりません。我々医師の仲間やＩＣＲＰ（国際放射線防護委員会—渡部注）の委員の人たちはすごく反対していましたし、怒っていました》（『原発安全宣言』）

こうして憤る中村先生に、私はそのときこう答えました。——《それは菅内閣だからです。とにかく脱原発をさせたい連中の集まりです。理屈もへったくれもないですよ》と。

ついでにいっておけば、小宮山洋子という人は「在日外国人への参政権付与」の推進者であり、「国旗・国歌法」には反対で、おまけに「選択制夫婦別姓」論者だというのだから、菅元首相とそっくりのイデオロギーに固まった〝左翼〟です。そんな人が厚労相時代にスタンドプレーで決めた「食品における放射性物質の基準値」がまだ布《し》かれているというのは、じつに忌々《ゆゆ》しき問題であるといわざるをえません。

不要な「セシウムへの恐れ」を煽る人たち

そもそも、食品にふくまれる放射性物質のセシウムを体内に入れて死んだ人はいないといいます。前にお名前を挙げた札幌医大の高田先生も「広島の原爆でもセシウムで死んだ人はおりません」と断言しています。

セシウムが体内に入ると、その物理学的半減期は三十年ですが、じつは糞尿などによる代謝で排出されるため、実際には約八十五日、つまり三か月程度で半分は出て行ってしまうといいます（生物学的半減期）。とくに子供はその排出が早いようです。

われわれの体内で、このセシウムと似たような作用をしているのがカリウムです。

カリウムというのは、人体にとってなくてはならない元素です。これが不足すると、高血圧や筋力低下、神経機能の低下、不安、イライラ、睡眠障害、乾燥肌……等、いろいろな障害が出てきますが、このカリウムもじつは体内で放射線を出しているのです。体重六十キロの人で、五〇〇〇ベクレル前後、といわれています。それだけの放射線量を体内にもっている人が、前節の表にあるような、キログラム当たり一〇〇〇ベクレルの付着したん。食品や飲料を怖れる必要があるでしょうか。そんな放射線量はどうということはありません。

さて、そこで被爆した広島の話に戻ってみます。

広島は除染などしていません。原爆投下を受けたあと、太田川や猿猴川《えんこうがわ》の川水は広島湾に流れて行きました。広島湾は日本有数のかきの産地です。当時の人びとも、もちろんかきを食べました。しかし、かきに付着したセシウムで死んだ人がいたという話は聞いたこともありません。

しかも、広島湾の外は瀬戸内海という内海です。そこでベクレルを測って大騒ぎした愚か者がいたでしょうか。もちろん、おりません。

ひるがえって今度の福島原発事故のあと、海水のベクレルを測って大騒ぎしている人たちがいます。「今日は××ベクレルだ」と騒いでいますが、福島原発の外は太平洋です。内海ではありません。アメリカ西海岸までつづいている洋々たる大海です。広島原爆のあと、内海に面した広島湾のかきを食べてなんでもなかったのに、どうして太平洋の海水のベクレルを測っているのか。

みな、〝為《ため》にする人びと〟です。菅直人や小宮山洋子、細川護熙、小泉純一郎……といった人たちの同類なのです。

国連も「一〇〇ミリシーベルト以下の除染は不要」と勧告

除染にしても、そうです。

原発周辺の十一市町村で実施している国直轄の除染が遅れているため、当初は今年度中(二〇一四年三月)の完了を目標としていたものが最大三年延長されるという報道を目にしましたが、私にいわせれば、なにも大騒ぎして除染などする必要はないのです。なぜなら、アメリカの経済誌「フォーブス」によれば、国連も「一〇〇ミリシーベルト以下の被曝はたいした問題ではないので、広範な除染や厳しい規制をやめるように」と警告しているくらいだからです。

それなのに、福島の場合はいまだに国連勧告の一〇〇分の一の一ミリシーベルトを除染基準としています。これを決めたのは、やはり民主党政権の環境相・細野剛志氏でした。いまごろになって、「あれは福島県のみなさんの要請によるものです」といってゴマ化そうとしていますが、大臣会見では「一ミリシーベルトを目標とするということでは一貫しております」と発言しているのです。

こんなバカげた除染基準はさっさと破棄して、被災者のみなさんはどんどん故郷に戻るべきです。

放射線ホルミシス効果の提唱者ラッキー博士も、アメリカの医学雑誌で、つぎのような警告を発しています。


《世界のメディアの大半が放射線はすべて有害だと思い込んでいる。もし日本政府が二〇一一年三月の地震と津波がもたらした福島原発事故への対応にあたって、こうした思い込みに支配されているなら、すでに苦境にあえぐ日本経済が、途方もない無用な出費に打ちのめされることであろう》

先ほどの「フォーブス」誌によれば、アメリカ五十州のうち、八州の放射線量は年間二・七ミリシーベルトから三・七ミリシーベルトだといいます。日本の基準を当てはめたら、これら八州はもちろんのこと、ほかの多くの州も除染しなくてはならなくなります。アメリカのあんなに広大な土地を除染できますか？　もちろん、そんなバカなことはしないでいいのであって、これら八州のがんによる死亡率を調べてみると、アメリカの平均より低いというのです。

この一事をとっても、福島の除染は必要ないばかりか、税金のムダ遣いであることは明白です。日本人ももうこのあたりで、ヒステリックでイデオロギッシュな〝放射線恐怖症〟を克服したらどうでしょう？

それなのに、都知事選を契機にまたぞろ〝反原発狂騒曲〟が繰り返されたとは、なんと情けない国であることかと、溜め息が洩れるばかりです。

世界的権威も認めた「原発こそいちばん安全な発電方式」

じつをいうと、いろいろある発電方式の安全度を研究したデータがあります。それは権威ある「サイエンティスツ・フォー・アキュレイト・ラディエーション・インフォメーション（SARI）」が発表したもので、一兆キロワットのエネルギーを出すためにどれだけの犠牲者が出ているか、ということを調査した結果です。

それによりますと――原子力発電では一兆キロワットの発電をするために九十人が死ん

でいます。いうまでもなく、これまで世界では原発の事故によって、犠牲者は出ています。

これを「一」とした場合、石炭による火力発電の犠牲者はどうなるか？

・世界平均は、原発の一八八九倍。

・中国ではなんと、三一一一倍。

・アメリカは比較的被害が少なくて、二六七倍。

原発と比較すると、断トツに犠牲者が多いことがわかります。とりわけ、中国の石炭を使った火力発電はきわめて高い数値を示しています。中国の場合、他国に比べて石炭の質や発電所のレベルが低いため、どうしても犠牲者が多くなってしまうのでしょう。

・つぎに石油による火力発電の犠牲者は、原発の四〇〇倍。

・天然ガスを使った火力発電は、四四倍。

……このデータを見ただけでも、原子力発電がいちばん安全なエネルギーであることがわかります。

もうひとつ、日本原子力研究開発機構が外部の研究者に委託した調査「エネルギー産業における過酷事故事例および事故時の影響評価結果に関する分析」の「まとめ」も――、

①チェルノブイリ事故による犠牲者と、石炭・原油・天然ガス・水力による犠牲者を較

べた場合、前者の犠牲者のほうが多いとはいえない。
②単位電力量当たりの事故発生頻度で見ると、チェルノブイリ事故と較べても、後者のほうが二桁は高い。
そう結論しています。チェルノブイリ事故と比較しても、他の発電方式のほうが事故発生頻度は高いというのです。

あえて繰り返せば、原子力発電はいちばん安全なエネルギーなのです。

安全な原発を日本人に捨てさせようとする邪悪な意図

それにもかかわらず、日本人のあいだから〝反原発ムード〟が抜けないのはなぜかといえば、二つの理由が考えられます。

ひとつは、核エネルギーに対する無知・無理解です。

細川さんの「即原発ゼロ」を支援した小泉さんは盛んに「核廃棄物の捨て場所がない。トイレがない家のようなものだ」と叫んでいました。私が思うに、あの人は無知ですから、炭鉱で選炭したあとのボタ山のようなものを想像しているのではないでしょうか。

しかし、核廃棄物はコンパクトですから、それほど心配することはないのです。私との対談のなかで、中村仁信先生もこうおっしゃっていました。

《「廃棄物処理の問題は大げさに語られている側面がある」と米戦略問題研究所（CSIS）のジョン・ハムレ所長も言っていました。

アメリカでは廃棄物処理をどうしているかというと、テニスコート2面ほどの大きさの2槽のコンクリート容器の中に閉じ込めて、敷地内に保管しているということです。ただ、「やっぱり原発は、後の廃棄物問題があるからな」と危惧する人が多いです。

そんななかで面白い意見を聞きました。放射性廃棄物を深層地下に封入するのが一番良いのではないかという提案です。西野義則氏（NBL研究所代表取締役会長）という掘削の専門家の方の提案で、石油・ガスの存在しない深層まで掘り進んでいってパイプから地下へ圧入するのです。

温泉は1000メートルから1500メートル、油田・ガス田は2000メートルから3000メートルの深さですが、掘削自体は最大7000メートルぐらいまで掘れるらしいです。穴を深く掘って、どしどし流していけば、深層地下に滞留して、地殻の対流で、

地表には戻らないから問題ないと考えられているようです》

このように〝トイレ問題〟の解決に向け、研究は着々と進められているわけですから、過剰な心配は不要です。

日本人のあいだから〝反原発ムード〟が抜けない二番目の理由は、前に述べた〝為にする人びと〟の存在です。

東京都知事選で「即原発ゼロ」と騒いだ人たちはどんな顔ぶれだったでしょう？　小泉さんをはじめとして、菅直人、小沢一郎（生活の党代表）といった面々は、とかく朝鮮半島との関係を取りざたされた人たちです。

小泉氏は北朝鮮と取り交わした平壌宣言（平成十五年九月）のなかに、《日本側は、過去の植民地支配によって、朝鮮の人々に多大の損害と苦痛を与えたという歴史の事実を謙虚に受け止め、痛切な反省と心からのお詫びの気持ちを表明した》という文言を入れました。真の保守政治家でないことは明らかです。

菅氏の場合は、在日韓国人からの献金問題で窮地に立たされたところを東日本大震災の発生で救われたことは記憶に新しいところです（平成二十三年三月）。そしてその後、今度は菅氏の政治団体が「よど号事件」の容疑者の親族の政治団体へ六千二百五十万円も献金していたことが明るみに出てきました（平成二十三年七月）。こちらは真の親韓政治家なのです。

小沢氏には、かつて渡韓したとき（平成二十一年十二月）、「日本の天皇の起源はもともとお国・韓国にあります」などと売国的な媚びを売った過去があります。

こうした符合は、なにゆえか？

以下は、私のまったくの推測ではありますが、韓国経済と関係があるような気がしてならないのです。

韓国のガリバー企業・サムスン電子は二〇一四年一月、市場の予想を大きく下回る業績見通しを発表しました。サムスンの主力はスマホだけですから、韓国経済の先行きはもう見えているといっていいでしょう。そうかといって、軽電機の分野を強化しようとしても、軽電機はベトナムやタイといった労働力のもっと安い国でもできますから、さほどうま味はありません。そこで、つぎに韓国が輸出できるものはなにかと探していくと……金額がいちばん大きくて儲かるのは原発なのです。しかし、原発で日本と競争しようとしても勝てないことは明々白々。日本の原発技術が優秀であることは世界中の認めるところだからです。

そんなとき、日本が脱原発に向かったらどうでしょう？　韓国にとって、これほどおいしい話はありません。そこで……。

以上は私の推測にすぎませんから、事実のほどはわかりません。しかし、韓国の思惑に沿って動いているかのごとき日本の政治家が多いのは残念でなりません。

第五章　日本のサバイバルのために「胆力」を磨け

いちばん重要なのは「肚」という武士の伝統

優秀であり、ずるくもある頭脳をそろえたアメリカに対応していくには、官僚から企業のトップに至るまで、日本人の質を高めていかなければなりません。

高級官僚を例にとれば、日本では二十二歳ぐらいで東大を卒業した秀才が財務省や外務省などに入ってきます。その後、ミスを犯さなければ、出世して絶大なる権威を振るうことになります。なかにはそれにふさわしい人もいるでしょうが、ふさわしくない人も多くいるはずです。一般社会を見ればわかるように、二十二歳で優秀でも四十歳、五十歳でなお優秀かといえば、そうとはかぎらないからです。中年になってから尾羽《おは》打ち枯らす〝元秀才〟も珍しくはありません。ところが、高級官僚だけは四十歳、五十歳になっても出世が保証されているのです。これではアメリカのホワイトハウスに陣取る連中に太刀打ちできるはずもないのです。

私は官僚のことを考えると、つい戦争に思いをめぐらせてしまいます。

日清、日露の戦争のとき、日本の軍人、とりわけ将校にはじつに立派な人がそろっていました。兵隊たちも勇敢でした。

それはなぜか？

彼らが育った時代が武士の世の中だったからです。武士の育て方というものは、われわれが経験するわけにはいきませんが、ものの本で読むとじつにしっかりとした基礎をもっていました。

人間の徳には「智・仁・勇」の三つがあるとします。

智は「頭」ですから、「ヘッド」です。知力です。

近ごろは「頭がよい」という形容詞として“brainy”が使われていますので、「脳がよい」といってもいいのかもしれません。

仁は「心」です。「ハート」です。

驚いたり、恋をしたりすると心臓がドキドキしますから、心臓はそうした情動的活動と深い関係にあるのでしょう。

勇は「肚《はら》」です。「ガッツ」です。

ガッツは、英語では〝guts〟と書きます。「腸」のことです。「ガット線」といえばヴァイオリンなどの弦をさします。日本語でも「彼は肚が据わっている」などといいますから、日本語・英語ともに「ガッツ」は腹（肚）に関係するといえそうです。

さて、武士の教育でいちばん重要とされたのは「肚」でした。そのつぎに「頭」、そのつぎが「心」だったのではないかと思います。

二〇一四年のNHK大河ドラマは「軍師官兵衛」ですが、頭の悪い大将でも秀れた参謀がつけば補いはつきます。愚かな大名でも立派な家老がいれば領民たちも苦しまないで済みます。つまり、ヘッドとハートは補佐役が補うことができるのです。

ところが、ガッツだけは補うことができません。絶対に補えないのが、トップに立つ人のガッツなのです。勇気のない人間が上に立ったら、これは悲劇です。したがって武家の伝統では、とにかく「肚」を重視しました。いまから見れば別に腹を切るほどのことでもないような場合でも、失敗したり、事がうまくいかなかったりすると、責任をとって切腹したのが武士でした。

私が感銘を受けたのは幕末の長崎奉行・松平康英《やすひで》のケースです。

文化五年（一八〇八年）、イギリスの「フェートン号」がオランダ船を拿捕するために長崎港に入り、オランダの商館員をふたり捕えるという事件が起きました（フェートン号事件）。それに対して松平康英は、福岡藩や佐賀藩の藩兵にイギリス船の打払いを命じました。ところが、有事に対する備えがなかったため、藩兵の動きはきわめて遅かった。しかも、フェートン号が薪や水、食糧を要求してきて「提供しなければ長崎の町を焼き払う」と脅してきたとき、これに従わざるをえなかったといいます。康英自身は、武力衝突になってでも相手側の要求を退ける肚だったようですが、オランダの商館長の説得もあって、やむなくその要求を受け入れたのです。そして、フェートン号がオランダの商館員を解放して長崎を去ったその日、切腹しています。

この事件で彼にはなんの責任もありません。しかし松平康英は、他国の脅迫に屈したのは国辱であるといって自害したのです。

もうひとつ、堺事件も有名です。

維新を迎える一八六八年、いまの大阪の堺に無断上陸してきたフランス兵と、堺の治安を預かる土佐藩士が銃撃戦を演じるという事件が起こりました（堺事件）。

この銃撃戦でフランス側に二十二人の死傷者が出たため、フランスは巨額な賠償金と発砲にかかわった藩士二十人の処刑を要求してきました。当時は国力の差が明らかですから、新政府はしぶしぶ要求を受け入れます。すると、土佐藩藩士はつぎつぎに腹を切りながら、切腹に立ち会っていたフランス政府の関係者たちに臓腑を投げつけたというのです。切腹のあまりの残虐さに、フランス側は十一人が腹を切り終わったところで中止を要請してきたというのが堺事件の概要です。

武士は子供時代から、こうした切腹を始終イメージさせられたといいます。だから胆力も鍛え上げられていたのです。

明治の元勲たちの肚の据え方

肚が据わった人間は思い切ったことができます。だから、事に当たって、成功する率も高かったと思います。

たとえば、大久保利通。

彼の生家は下級武士でしたが、大久保の肚が据わっていたことは明治七年（一八七四年）の「台湾出兵」とその事後処理に見ることができます。

明治四年、琉球御用船が台風で遭難、乗組員六十六人が台湾南部に漂着したのが発端でした。乗組員のほとんどが台湾の先住民に斬首・殺害されたのです。

そこで、大久保を首班（内務卿）とする明治政府は清国に謝罪や賠償を求めました。ところが、清国は「台湾は化外《けがい》の地《ち》である」、いまの言葉でいえば「管轄外である」といって賠償を拒否してきたのです。その後、いくつかの曲折があって明治七年、台湾征討の出兵をしています。

すると、「台湾は化外の地である」といっていたくせに、清国が「台湾出兵」を激しく非難してきたのです。そこで大久保は北京に乗り込みました。明治七年のことですから、日本にはまだ軍艦などありません。一方の清国は、外国から買ったものであるにせよ、軍艦をもっている大国でした。命が惜しかったら北京には乗り込めないような状況です。しかし大久保は北京に赴き、堂々と交渉して一歩も退きませんでした。そのガッツは、交渉を見ていたイギリス公使が「賠償金でももらって帰ったらどうか」と調停するほどだったといわれています。ところが大久保はその調停を断っているのです。「私がほしいのは謝罪である。賠償金などは、出したければ出せばいいのだ」と。そういってがんばり抜いて、結局、謝罪と見舞金・賠償金合わせて五十万両を分捕《ぶんど》ってきたのです。

この逸話に漲《みなぎ》っているのはまさに「肚」。ガッツとしかいえません。

肚が据わると、世の中もよく見えてくるものです。

日清戦争にしても、当時の世界は〝眠れる獅子〟の清国が絶対に勝つと見ていましたが、

「絶対に日本は勝てる」と断言していた人がいます。それは肚の据わった外交官・陸《む》奥《つ》宗《むね》光《みつ》でした。彼は有名な回想録『蹇蹇録《けんけんろく》』のなかで、「外交にありては被動者たるの地位を取り、軍事にありては常に機先を制せむ」（傍点・渡部）と書いています。

日露戦争は、ロシアが日本列島の脇腹に匕首を突きつけるように朝鮮半島に進出、「そのロシアにシベリア鉄道をつくられたらお手上げだぞ」という国防上の脅威から立ち上がったものでした。陸軍は、ロシアの大軍を前に、多大な犠牲を払いながらも有利に戦いを進めましたが、日本軍の戦力（継戦能力）の行き詰まりを見てとるや、満洲軍総参謀長の児玉源太郎は勝っているうちにスパッと停戦にもち込もうとしています。そうした決断ができるのもやはり肚なのです。

周知のように、そのとき日本の民衆たちは「勝った、勝った」と浮かれていました。それこそ、「モスクワまで攻め込め！」といった調子でしたから、停戦は非常にむずかしかった。それでも児玉源太郎は継戦能力が払底してきつつあるのを知っていましたから、懸命に講和を説いたのです。

元勲の伊藤博文も武士の端くれでしたから肚は据わっていて、「ロシアと和平の交渉をすべきである」という立場をとっていました。

しかし、民衆も閣僚たちも、また軍人の多くも継戦を唱えている。

おもしろいのは時の首相・桂太郎のエピソードです。彼も戦争はやめたかったのですが、周囲がなかなか同意しない。そこで伊藤などとともに熱心に「停戦」を説いて走りまわったのですが、そのときの様子を桂首相の妾《めかけ》のお鯉さんが書いているのです。

講和がなったのは一九〇五年九月五日ですから、その前というと、夏です。桂太郎は毎日、毎日、いかに説得して戦争を止めさせるか、それを蚊帳《かや》のなかで一所懸命に考えて……やつれ果ててしまったというのです。すると、ある日の夜中、伊藤がやってきて「桂さん、ようやく戦争が終わることになりましたぞ」と。ふたりは蚊帳のなかで手を取り合って涙を流し、「では、夜だけれども陛下にご報告に上がろう」ということになった。そのとき、お鯉さんは「そういうこともあろうかと思って、新しい袴《はかま》など、ご用意してあります」といったと、自慢げに書いています。

当時の軍人や政治家の逸話を読むとともかく、肚が決まっているな、という感じを受けます。

海戦では文明の優劣が如実に見られる

日露戦争の日本海海戦でも、連合艦隊司令長官の東郷さんなど、「われわれの船は全部沈んでもいいんだ。その代わり、敵の船も全部沈めろ」と、それくらい強い覚悟を決めて戦いに臨んでいます。海戦のフタを開けてみたら日本の軍艦の被害はごくわずか、相手のバルチック艦隊はほとんどが轟沈、という結果でしたけれども、その決意にはすさまじいものが感じられます。

そもそも海戦というものは、陸上の戦いと違って、つねに文明が秀れたほうが勝つという法則が見られます。海戦とは〝文明の戦争〟なのです。

それに対して、陸戦はしばしば文明度や国力に劣るところが勝ったり、相手を苦しめたりすることがあります。

日露戦争の少し前、南アフリカでボーア戦争がありました（一八九九年～一九〇二年）。「ボーア」とは「農民」という意味で、ボーア人というのはオランダ系の移民です。そのボーア人が移民していた南アフリカで金やダイヤモンドが出るというので、イギリス陸軍が侵略を企てたところ、なんと三年以上も苦しめられたのです。イギリスはほんとうに大軍を出していたのに、なかなか勝てない。そこで、アジアのほうの権益維持が手薄になってしまうため、その担保として締結したのが日英同盟だったというのが歴史的事実です。

このように、陸戦では文明の遅れている側が文明国を苦しめるということがしばしばあるのです。近くはベトナム戦争、アフガン戦争などにその傾向を見てとることができます。

しかし海軍の戦いとなると、事情は変わってきます。

それは、紀元前五世紀のペルシャ戦争を見てもわかります。ペルシャの侵攻を受けたギリシャは、いったんアテネを明け渡しています。市民たちは全員、アテネから逃げ出さなければならなかった。それでもサラミスの海戦ではペルシャの軍隊を駆逐したわけですから、明らかに文明の勝利でした。

それからずっと後、十六世紀のことになりますが、レパントの海戦では教皇とスペイン、ヴェネチアの連合軍がオスマン・トルコの海軍を打ち破って地中海をふたたびキリスト教徒の海にしています。

イギリスのネルソン提督がトラファルガーの海戦（一八〇五年）で、スペインとフランスの連合軍を破ると、スペインは後進国に成り下がり、イギリスが先進国にのし上がるということも起こっています。

以上のように、海軍の戦いというものからは、文明の優劣の差が見えてきます。したがって、日本海海戦で完璧な勝利を収めた日本海軍に対する世界の賞讃は、それはそれはすごかったと思います。とにかく日本海海戦は当時としては人類最大の海戦だったからです。

「肚」より「頭」となった軍隊の危うさ

そうなると、日本の秀才たちはみな海軍に入ることを憧れるようになりました。

戦前は、旧制中学に進学すること自体がエリート・コースでした。私が旧制中学（山形県立鶴岡中学校）に通っていたころは、ずいぶん中学進学が普及した時代に入っていましたが、それでも中学校へ進むのは日本男子の一割ぐらいのものでした。十人にひとり。それくらいしか中学には進学できませんでした。

そういう中学校でもトップか、悪くても全校の三番以内に入っていないと受からないといわれたのが海軍兵学校です。海軍兵学校へ入るのは東大に入るよりもむずかしかったのです。

山本五十六大将の息子さん（山本義正）にしても、海軍兵学校に入れなかったけれども東大には入っています。もっとも、この人は近視と肋膜炎の影響で兵学校に合格できなかったといわれておりますが、東大に入るには近視でもかまわないし、耳が悪くてもかまわない。ところが、海軍兵学校に入ろうとすると、頭脳明晰なうえに運動能力は抜群、目、耳、手、足……身体機能のすべてが人一倍秀れていなければいけません。いってみれば、サッカーの本田圭佑が東大に入るぐらいの頭脳をもっているようなものです。そんな人でなければ入れなかったのが海軍兵学校です。

そして、海軍兵学校の生徒は白い軍服に短剣をつけて、それはもう格好がいいわけです。女の子には仰ぎ見られる。そして、練習艦で世界をまわる。外国へ行くのは簡単ではなかった時代によその国へ行けたわけですから、みんなが憧れたわけです。

そうすると、どういうことが起こるか?

ほんとうに肚が据わっていない若者でも、優秀でさえあれば、憧れの海軍兵学校に入ってくるようになったのです。本章の冒頭で、「頭」「心」「肚」といいましたが、「頭」つまり「ヘッド」はいいけれど、「肚」が据わっていないかもしれない秀才が入ってくるようになったわけです。

同じことは海軍大学校についてもいえます。

海軍兵学校を卒業して、いったん任官して海軍軍人になる。そして十年ぐらい実務を積んだ将校のなかから頭脳明晰な若手軍人を選抜して、ふたたび学校に入れた。それが海軍大学校です。もちろん、海軍大学校に進む人でも肚の据わった軍人はいたでしょうが、どちらかといえば、「肚」はともかく「頭」のよかった人が入りやすかったといえます。そして、仲間同士は団結しているのですから、ハート（友情）も申し分のない人たちでした。

そうした制度が、いざ戦争となったときに問題になるのです。

「頭の人」南雲中将の責任

たとえば、「勝った、勝った、大勝利」といわれたハワイの真珠湾攻撃（昭和十六年十二月八日）——あの作戦を指揮した第一航空艦隊司令長官・南雲《なぐも》忠一《ちゅういち》中将も海軍兵学校から海軍大学校に進み、海軍大学校の校長まで務めた人です。水雷の出身ですが、この経歴を見ても非常に「頭」のよかった人であることはたしかです。

では、その南雲司令長官の「肚」のほうはどうであったか。

私はかつて日本経営合理化協会のブログに「日本の指導者たち」というエッセーを連載して、「山口多聞」の項で真珠湾攻撃を論評したことがあります。やや長くなりますが、それをお読みください。

《真珠湾攻撃は、第一次攻撃、第二次攻撃ともに海戦史上空前の大成功であった。アメリカ太平洋艦隊の主力戦艦群を実質上全滅させていたからだ。

第三次攻撃の目標は燃料タンクと修理施設である。山口の率いる航空母艦「飛龍」の航空参謀は第三次攻撃隊の準備完了を報告し、攻撃隊は飛行機のエンジンをかけ爆音を轟かせながら待機した。

山口は旗艦「赤城」にそのことを信号旗で伝えたが、司令長官の南雲中将からは応答なく、全機動部隊は反転して帰国の途についた。日本側の損害は二十九機、戦死者は五十五人であり、軍艦の被害はゼロであった。見方によっては見事な引き上げ方であった。

第三次攻撃を行い、燃料タンクや修理施設を破壊するか否かは、その約二ヵ月前に連合艦隊の旗艦「長門」での図上会議でも問題になり、山口は第三次攻撃を主張した。南雲機動部隊司令官は黙ったままだったという。

今では南雲中将は、真珠湾攻撃作戦に乗り気でなかったことが知られている。はじめから腰が引けている感じの人を司令官にした人事に問題があったというべきであろう。それに航空専門の山口と、水雷出身の南雲はどこか合わないところがあったようだ。航空には瞬間的判断が必要だが、そういう人を海軍兵学校の卒業年次にこだわって司令官にしなかったのが海軍人事の失敗である。

しかし第三次攻撃はしなかったけれども、機動部隊を無傷で引き上げさせたのは作戦の妙と評価する見方もあった。機動部隊の草鹿龍之介参謀長――この人は剣道では免許皆伝の腕前だったという――は、「サッと斬りつけ、サッと引くのが剣の極意だ」と言って第三次攻撃をしないで引き上げたことを自慢あるいは弁解していた。

それが完全に間違っていたことは、アメリカのチェスター・W・ニミッツ提督が『太平洋海戦史』の中で次のようなことを書いていることから明らかになった。

「燃料タンクに貯蔵されていた四五〇万バレルが爆撃されていたら、アメリカの航空母艦も数ヶ月にわたって、真珠湾を基地とした作戦は不可能であったろう」

アメリカ海軍が太平洋に持っていた主な軍艦はサラトガ、レキシントン、エンタープライズ、ホーネットなどの航空母艦だけである。もし真珠湾に石油がなくなっていたら、これらの航空母艦も数カ月は動けなかったということになる。

そうすると昭和十七年四月十八日の航空母艦ホーネットから飛び立ったドーリットル中佐の率いる十六機の陸軍爆撃機B25による東京、川崎、横須賀、名古屋、四日市、神戸の空襲はなかったはずだ。

そのときの被害は大したものでなかったが、日本国民に与えたショックや、日本海軍のプライドに与えた影響は大きかった。四月の上旬、日本の第一航空艦隊はインド洋からイギリス艦隊を一掃するという大手柄を立てていた。

イギリスの空母一隻、重巡洋艦二隻、そのほか二十隻近い敵艦船を沈め、わが方の艦船の損害ゼロという記録的な勝利を収めていたのである。その留守に日本の首府東京が空襲されるとは。

そのためにあわてて行われたのがミッドウェー攻撃であった。この戦いで日本は主力空母四隻と、飛行機三二二機とベテラン操縦士数百名を失った。この時も、山口は南雲司令官に「直チニ攻撃隊発進ノ要アリト認ム」の信号を出したが、南雲はその提言を容れず、艦上攻撃機の爆装を雷装に切り替えさせることを命じたのである。その間に敵の急降下爆撃機が襲ってきたのである。空母の甲板は火薬庫同然だった》

要するに、南雲司令長官の命令というのはことごとく秀才の発想なのです。ミッドウェー海戦においても、やはりどこか肚が据わっていない。そして、このミッドウェーで負けたことが戦局の大きな変わり目になったわけですから、大東亜戦争全般を通じて、秀才だが肚の据わらない南雲中将の責任はきわめて大きいといわざるをえません。

以下は私の意見ではなく、ハーマン・ウォークというアメリカの作家の言ですが、ご紹介しておきます。ちなみに彼は、日本でいえば『坂の上の雲』を書いた司馬遼太郎に相当するような人です。

――もしアメリカがミッドウェー海戦（昭和十七年六月）で負けていたら、日本軍の米本土上陸を阻むために、アメリカは陸軍を西海岸にまわさなければならなかった。すると、北アフリカの戦線ではロンメル軍団長率いるドイツ軍が勝って、カイロやスエズを陥落させたであろう。そうなれば、すでにインド洋を制圧していた日本軍とドイツ軍が手を握り、中近東の油田地帯を手に入れる。イギリスはもはや降参せざるをえない。なぜなら、アメリカは西海岸に陸軍を集結させているため、イギリスを助けることができないからだ。

フランスはすでに降伏している。さて、そのとき、アメリカは一国で日独伊と戦うだろうか？

これがハーマン・ウォークの出した「歴史における〝イフ〟」です。

日本側からすれば、ミッドウェー海戦に勝利していたら、日米戦争は悪くてもドロン・ゲームにもち込めたということになります。

これは説得力があります。

しかし、現実はそうはならなかった。それはやはり司令長官に胆力（ガッツ）がなかったからだというしかありません。

ガッツに欠けた海軍司令長官たちの失敗

日本軍が勝ったからあまり悪口をいわれませんけれども、スラバヤ沖海戦（昭和十七年二月）など、とにかく遠距離から砲弾を撃っています。ひと言で評するならば、ものすごくまだるっこしい戦争をしているのです。

そして、バタビア沖海戦（十七年三月）ではあまりにも遠くから魚雷を発射するものだから、それが敵艦に命中しないで、なんと日本陸軍の輸送船に当たり、「名将」といわれた司令官・今村均中将が油だらけの海を泳いで上陸するなどという不祥事も起こっています。

これを見てもわかるように海軍は決戦する態勢ではなかったのです。「頭」はいいけれども「肚」が据わっていない、ガッツに欠けた提督が多かったように思います。

このあとの珊瑚海海戦（十七年五月）でも、ニューギニアの首都ポートモレスビーに上陸するのが目的だったのに、上陸目前で引き返しています。この戦いを指揮したのは第四艦隊司令長官・井上成美《いのうえしげよし》中将で、戦後も評判のいい提督なのですが、敵の空母と遭遇して、それを沈めているにもかかわらず引き上げてしまった。もっとも、日本の空母も砲撃を受けて燃え上がったのもありましたから、大事をとった、という一面もあるのかもしれません。とにかく、ポートモレスビーに上陸しないで戻ってきたのを知り、昭和天皇も「井上は学者だから戦さはあまりうまくない」と評しています。

それから第一次ソロモン海戦（十七年八月）。

これは私が小学校六年生の夏でした。夏休みでしたから親父に連れられて仙台見物に行ったとき、仙台の駅を降りたら、大本営発表がありました。それが第一次ソロモン海戦の戦果の発表でした。

これはじつにみごとな海戦で、巡洋艦同士が撃ち合って、日本の巡洋艦は夜間戦闘にも強かったから、敵の巡洋艦を四隻も沈め一隻を大破させて、もう万々歳でした。ところが、第八艦隊司令長官・三川軍一《みかわぐんいち》中将は勝っているにもかかわらず、「夜が明けたら敵の空襲を受けるのではないか」といって帰投を命じたのです。アメリカの輸送船を撃沈するのが目的だったのに、これもやはり引き返してしまった。

近くのガダルカナル島あたりにはアメリカ兵が二万人ぐらいいました。もし、あのとき攻撃を続行していれば、二万人のアメリカ兵をみな海の底に沈められたかもしれません。「沈められたかもしれない」ではない、「沈められた」に決まっています。そうすればアメリカ軍はどれほど意気消沈したことでしょう。

そんな戦場がじつに多かったのです。

日本の将兵はものすごく勇敢に戦うのに、頭がいいために偉くなり、そして司令長官を務めるようになった将軍たちの肚が据わっていなかったのです。そのため、最後の詰めを誤った。それが日本軍敗北のひとつの大きな要因でした。

レイテ沖海戦（昭和十九年十月）において、レイテ湾から引き返した栗田艦隊の栗田健《たけ》男《お》中将も、ガッツのない司令官の典型的な例でした。

海軍トップは肝心なところで「NO」といえなかった

さらにもっと上官まで考えれば――「日独伊三国同盟を結ぼうか」という気運が盛り上がったとき（昭和十五年）、「条約反対三羽ガラス」といわれた米内光政海軍大臣、山本五十六次官、井上成美軍務局長らが暗殺を恐れず、「海軍は反対です」といっていたら、三国同盟は締結されませんでした。しかし、そういう勇気ある海軍代表がいなかったのが現実です。

しかも、いよいよ戦争が間近になると、近衛文麿は第三次近衛内閣を放り出してしまいます。近衛さんは細川（護熙）さんのお祖父さんですが、これまたまったく肚の据わらない人でした。海軍大臣も「戦争は無理です」と断言できず、近衛首相に一任したのですが、そこで政権を投げ出してしまったのです。

では、つぎの首相をだれにしようかとなったとき、木戸（幸一）内大臣が推薦したのが、東条英機陸軍大臣でした。開戦寸前のアメリカと和平交渉をするためには絶対どこかで妥協しなければならない局面が出てくる。そうなったら、ふたたび二・二六事件（昭和十一年）のような重臣暗殺事件が起こる惧れがある。そこで、二・二六事件のようなことが起こらないようにするにはどうしたらいいかというと、陸軍を押さえる力をもった首相でなければいけない。それには東条陸相しかいない、ということで東条内閣が組閣されたわけです（十六年十月）。

その東条さんの「東京裁判宣誓供述書」には、こんなくだりがあります。

東条さんが首相に就任する前、第三次近衛内閣の陸相だったときの出来事に関して、つぎのように証言しているのです。

《法廷証第一一四八号「第三次近衛内閣総辞職の顚末《てんまつ》」日本文二頁《ページ》英文も二頁に「然《しか》るに会議の前日（近衛邸に―渡部注）海軍の岡軍務局長の来ての懇談に、軍令部は別として海軍首脳部は日米戦をやりたくないが、大本営決定に賛成した手前海軍自身からは、やれぬということは言えぬから、明日の会合に於《お》いて、海相から（近衛―渡部注）総理一任ということを持出すから総理から外交交渉で行くと裁断して貰い度《た》い」という申出の記事がありますが、私も私の部下も、こんなことは全く知らぬことでありました》

どういうことかといえば——近衛内閣総辞職の四日前に「日米開戦か否か」をめぐる五相会議（首相、外相、陸相、海相、企画院総裁）が開かれたのですが、その前日、海軍の岡敬純《おかたかずみ》軍務局長が近衛首相を訪れ、つぎのように懇願したというのです。「海軍は日米戦争をやりたくないのですが、大本営の決定に賛成した手前、『戦争はできない』とはいえません。そこで五相会議の席上、及川（古志郎）海相が近衛総理に判断を一任いたしますので、総理から『外交交渉で行く』と、ご裁断いただきたいのです」と。

そういうことが、東京裁判の法廷資料に書かれているけれども、東条さんは「そんなことがあったとは、まったく知らなかった」と証言したのです。この証言のウラには、「海軍はなぜ五相会議の席で『石油が足りないので戦争はできません』といわなかったのか？及川海相が『海軍は戦えない』とはっきりいっていたら、日米開戦はなかったかもしれないのに」という、東条さんの怨みのようなものが仄見《ほのみ》えています。

海相、軍務局長といった海軍の出世コースを昇りつめた人たちにはガッツがなかったのです。肝心のところで「NO」といえなかった。いざ、というときに腰が砕けてしまう。これは海戦において最後の攻撃をできなかったことにも通じます。あと一歩の攻撃を加えないで引き返してしまう。それといっしょなのです。

私は先ごろ、大ベストセラー『永遠の0《ゼロ》』（講談社文庫）をお書きになった百田尚樹《ひゃくたなおき》さんと『ゼロ戦と日本刀』（PHP研究所）という共著を出しましたが、その対談の席で百田さんも、「ゼロ戦の歴史を見ても、いちばんトップの人たちの肚が据わっていませんね。肝心なところで腰砕けになってしまう」という趣旨のことをいっておられました。

“土下座外交”の発端は中曽根内閣にあり

日清、日露の戦争当時は、指揮官・司令官はみな武士上がりでしたから肚が据わっていました。ところが、海軍兵学校や陸軍士官学校（さらには海軍大学校、陸軍大学校）出の将校たちが軍のトップの座に就くようになると、「肚」より「頭」、つまり「ガッツ」より「ヘッド」の高級将校が増えてきたわけです。肚が据わっている人は、彼らよりちょっと出世が遅れたような感がありました。

そうして日本は負けました。

負けると、日本へやってきた進駐軍は「ウォー・ギルト・インフォメーション・プログラム」といって「全部、日本が悪かった」という洗脳をはじめ、そのため戦後の日本人は自信を喪失してしまったのです。

ガッツを失わなかった人たちは「公職追放令」によって全員、表舞台から追い払われました。その数、ざっと二十万人です。

かくして、戦後の民主主義教育は「頭」と「心」に主眼が置かれるようになりました。知識を詰め込む「ヘッド」の教育、「みんな仲よくしましょう」という「ハート」の教育。それは行きすぎるくらい行きすぎていましたから、戦後日本社会において「平和」や「社会福祉」や「弱者保護」……などに関しては、どんなムチャな言い分でも、それに反対できないようなムードができあがってしまいました。

それでいて、「ガッツ」の教育だけは行われませんでした。胆力を鍛え上げるような教育だけはなかったのです
百歩譲って、ふつうの人はガッツがなくてもいいとしましょう。しかしです、国を代表する高級官僚に胆力がなかったら、これは致命的です。

戦後間もない時期は、まだガッツのある政治家や官僚がいましたから、中国に対しても、また韓国に対しても、屈服するようなことはありませんでした。戦前の生き残りともいうべき人たちがいたのです。象徴的な人物は、死ぬ覚悟で日米安保条約を締結した岸信介首

相です。

ところが、戦後の国家公務員上級試験（現・国家公務員総合職試験）を通った人たちは「ヘッド」優先だから、「ガッツ」に欠ける。胆力のない人が多いのです。

私はこんな話を耳にしたことがあります。――中国との交渉の席上、中国側が「ワー、ワー」いってきた。それに対して、日本側の官僚はほとんど反応を示さない。そこで、さる人が「ダメじゃないですか」といったところ、「いや、あれでいいのです。こっちが反論すると、向こうを興奮させるだけですから」と答えたというのです。武士の家に育った人であれば、向こうが興奮したら、こちらはもっと興奮してみせるくらいのガッツがあったと思うのですが、戦後はそうした胆力がすっかり消えてしまったのです。

私自身にもこんな経験があります。

ずいぶん前のことですが、財務大臣などを歴任された塩川（正十郎）さんから料亭に四、五人で呼ばれたことがありました。たしか、堺屋太一さんやシステム工学者の石井《いしい》威望《たけもち》さんなどがいっしょだったと思います。そこにひとり、外務省の高官もいましたが、その人が「中国からはなにをいわれても仕方がないのです」といったのです。その言葉にはほんとうにびっくりさせられました。

そうした〝土下座外交〟の傾向が顕著になったのは中曽根（康弘）内閣の時代からです。中曽根内閣時代の昭和六十年十一月、雅子妃殿下の父君である小和田《おわだ》恆《ひさし》政府委員（当時は外務省条約局長）が国会で、「日本は中国に対して侵略をしたのだから『平和に対する罪』を構成する」という政府見解を示したのです。それ以降、わが国は中国や韓国に頭を下げつづける国になってしまったのです。

サンフランシスコ講和条約を無視して、講和以前の東京裁判の受諾ということにしてしまった外務省の主流は、ガッツを失い、とにかく頭を下げて交渉をまとめようとする人たちです。東京裁判を認めた被告など一人もいません。判決は敵側だけの判事が決めたことです。裁判を認めることと、判決に従わさせられることは全く別物です。

思い出してもみてください。少なくとも佐藤（栄作）首相のころまでは、日本は中国や韓国に頭など下げませんでした。吉田（茂）首相がサンフランシスコにおいて諸外国と講和条約を結んだ以上、完全に大東亜戦争に関する話は決着しているからです。

ところが、この「小和田答弁」が出ると、それが日本外交の新たな基調になってしまったのです。小和田さんは別の場所でも「日本は侵略戦争をした〝過去〟があるのだから、国際社会では〝ハンディキャップ外交〟をしなければならない」という趣旨のことを話しています。中曽根首相はそんな「小和田答弁」を認めていたわけです。

その意味では、日本外交を誤らせた責任はやはり当時の首相であった中曽根さんにあるといわざるをえません。じっさい、それ以来、「村山談話」が出されたり、細川さんが「日本は侵略戦争をしました」というコメントを述べたり、日本を〝ハンディキャップ国家〟とする見解が受け継がれています。

それもこれも、すべては中曽根内閣における「小和田答弁」に起因するわけですから、それを破棄するにはやはり中曽根さん自身が「私が間違っていました」と、パフォーマンスとして示さないといけません。そのためにはどうすればいいかというと、中曽根さんが大勲位を返上することです。「私が間違っていました」といって、大勲位の勲章を返す。中曽根さんには恩も怨みもありませんが、そのくらいのことはパフォーマンスとしてしなければいけないのではないかと思います。しばらくしてから再叙勲してもよいではないでしょうか。

東電の経営陣に胆力があれば原発は停止しなかった

ガッツという点では、私は東京電力の経営者にもいいたいことがあります。

東電は、福島第一原発の事故でいまなお漏れつづける汚染水を貯留するために膨大な数のタンクを建設しておりますが、なぜそんなことをつづけるのか。第四章でも触れたように、福島原発の外はアメリカ西海岸までもつづいている洋々たる太平洋です。広島原爆のあと、内海に面した広島湾のかきを食べてなんでもなかったわけですから、太平洋に流せば話は簡単なのです。

もちろん、そのまま流すと〝反原発屋〟の絶好のターゲットにされるでしょうから、汚染水はＡＬＰＳ（多核種除去設備）で処理をして希釈する。そのうえで、海に流す。それと同時に海洋放出基準値の見直しを求めることも必要です。

じっさい、二〇一三年の暮れ、福島第一原発の廃炉作業を視察するために来日したＩＡＥＡ（国際原子力機関）の調査団も「一定の管理下での放水は世界中で行われている。東電は海洋放出基準値以下の汚染水の海洋放出もふくめた管理方法を検討すべきである」という報告書をまとめています。

そうした当然の策をとらずに、陸上保管という〝愚策〟をとりつづけているのは、世間の批判を気にしすぎるからです。ひと言でいえば、あまりに勇気がなさすぎるのです。

想定外の事故で周章狼狽《しゅうしょうろうばい》したこともあるでしょう。事故によって世間から注がれる厳しい視線に萎縮したということもあるでしょう。しかし、もし東電トップに胆力が備わっていたなら、さっさと海洋放出という当然の策を選んだはずなのです。

同じことは、あの事故の責任に関しても指摘することができます。どういう意味かといえば、東京電力は事故の直後、「被害の賠償は引き受けません」といえたのです。これは私だけの意見ではなく、東京電力の元会長の勝俣恒久氏もいっていたことなのです。

私は、事故後の東電の株主総会をテレビで見ていました。すると、ひとりの株主から質問が出ました。「原発法には天災によって被害が生じた場合、その賠償は国家が行うと書いてあります。なぜそうしなかったのですか」と。

たしかに、「原子力の損害賠償に関する法律」（原賠法）の第三条にはつぎのように記されています。

《第三条　原子炉の運転等の際、当該原子炉の運転等により原子力損害を与えたときは、当該原子炉の運転等に係る原子力事業者がその損害を賠償する責めに任ずる。ただし、その損害が異常に巨大な天災地変又は社会的動乱によつて生じたものであるときは、この限

りでない》（傍点・渡部）

株主にしてみれば、これは当たり前の疑問です。東電の株は、事故前は最優良の資産株でしたから、もっている人は大勢いたはずです。私が知っているだけでも、ずいぶん有名な人たちが大勢、東電株をもっていました。東電が損害賠償を引き受ければ、そういう人たちの資産が一気に減ってしまうわけですから、当然の質問でした。

　すると、当時の勝俣会長はどう答えたか。私はテレビではっきり聞いていましたが、こう答えていました。――「たしかに、そういう選択肢もありました。しかし、それを選択すると、訴訟問題などが出て、復興が遅れるのではないかと考え、賠償をお引き受けすることにいたしました」と。

　しかし、「異常に巨大な天災地変による被害ゆえ、東電は賠償を引き受けることができない」という選択肢をとっていたら、東京電力にはいっさい責任がなくなったはずです。というのは、福島第一原発の放射線被曝で亡くなった人はひとりもいないからです。病院に担ぎ込まれた人もひとりもいない。将来、放射線被曝によって重病を引き起こしそうな人もいまのところはゼロです。すなわち、なにもないのです。

原発事故の被害者というのはすべて、菅内閣による強制立ち退きによる人たちなのです。老人病院で何十人死んだとか、故郷を奪われて失意のうちで亡くなったとか、これは立ち退きによる被害です。

では、避難しなかったらどうかといえば、すでに述べたホルミシス効果によって、かえって健康で長生きできたのではないかという説もあるほどです。

そもそも、あれほどのパニックは起こらなかったはずです。あれだけの大騒ぎにならなかったら、復興も順調に進んだであろうし、汚染水を入れたタンクをあんなに並べる必要もなかったはずです。

すべては、当時の東電経営陣にガッツがなかったことと、資本主義を憎悪する菅内閣の策謀に由来しているのです。

繰り返せば、勝俣会長は「そういう選択肢もありました」といったのです。どうしてその道を選択しなかったのか？　それは彼らに「会社を守る」という気概がなかったからだといわざるをえないのです。

勝俣さんという人は頭もいいだろうし、ハートもある人なのだろうと思います。そうでなければ、大きな東電の社長や会長にはなれません。したがって「心」も「頭」もある人なのでしょうが、残念ながら肝心の「肚」がなかった。胆力がなかった。

菅政権はさらに浜岡原発（静岡県）を停めました。しかし、政府には原発を止める権限はありませんので、「稼働をストップしてくれないか」と頼み込んだわけです。すると中部電力の経営者たちは「ハイ、ハイ」とうなずいて停めてしまった。これまた一片のガッツもありませんでした。

浜岡原発が停まらなかったら、日本の原発はまだ動いていたのです。

一連の原発騒動のときほど、「電力の鬼」といわれた財界人・松永安左エ門のような人がいてくれたらなあ……と思ったことはありません。

松永安左エ門は昭和二十六年、全国九つの電力会社を整備するに当たり、電気料金の改定をしました。そのとき、各電力会社から出された要望は「七六パーセントの電気料金値上げ」でした。倍近い値上げですから、世論が猛反発したのはいうまでもありません。ところが松永安左エ門は「日本復興のため、十年先、二十年先を見越したら値上げは必要だ」と主張して、世の反発を押し切ってしまったのです。

そういうガッツのある人間はいないのか、というのが私の嘆きです。

ＧＨＱの洗脳からいまこそ脱せよ

戦前の教育は、少なくとも男子には「肚」がたいせつだということを教えていました。ましで、武家の世界では「肚を据える」ことを第一に教育してきたはずです。

その点、戦後の教育はあまりにも肚を軽視してきたといわざるをえません。そして、「肚がない」つまりガットレスとは、「臆病」という意味なのです。

では、これからの日本人がガッツを取り戻すにはどうすればいいでしょうか。

それにはまず、ＧＨＱの「ウォー・ギルト・インフォメーション・プログラム」によって刷り込まれた「戦前の日本は悪かった」という洗脳から脱することです。よくいわれる言葉を使えば「東京裁判史観」を葬り去ること、これがいちばん重要です。

そのためには、第一に『パル判決書』（講談社学術文庫）を読むこと。パル判事のあの判決書を読めば、まともにものを考えられる人は、起訴された日本人の被告すべてがすべての告発条項について無罪であることを納得できます。

じつをいえば、私も戦後間もない時期、「東京裁判の判決は正しいのではないか」と思わせられたことがあるのです。

ひとつには、日本は「不戦条約」（一九二八年＝昭和三年）に違反したのではないかという思いがあったからです。アメリカのケロッグ国務長官とフランスのブリアン外相が主導した「国際紛争を解決する手段として戦争には訴えない」というあの条約に、日本はたしかに署名しています。ところが戦争をしたわけですから、条約違反に当たりそうだ、と思ったのです。

しかし、『パル判決書』ははっきり書いております。

かいつまんでいえば——あの条約の案文がアメリカ議会に提出されたとき、「戦争に訴えてはならない」という条文に対して反対の声が渦巻いたのです。すると、ケロッグ国務長官はこう答えているのです。「あれは侵略戦争をしてはならないという意味であって、自衛のための戦争は許される」と。しからば、「自衛の戦争とはなんぞや」というと、ケロッグ国務長官はまたこう答えているのです。「他国から国境を越えて侵略されたときのみならず、重大なる経済的な打撃を与えられた場合も、それは侵略に相当する。よって、自衛のために立ち上がることは許される」と。

そうであれば、戦前の日本に対するＡＢＣＤ包囲網や石油の全面禁輸等の政策は明らかに日本に対する〝侵略〟です。それに対して日本は立ち上がったわけですから「不戦条約」違反とはいえない。パルさんの判決から、そういうことを学びました。

もうひとつの懸念は、日本の中国進出を抑制するとともに中国の権益の保護を図る「九か国条約」（一九二二年＝大正十一年）に抵触しないか、ということでした。

これも『パル判決書』を読んで、疑念が氷解しました。

中国自身がこの条約をいっさい守らず、排日運動を激化させていたのです。「日貨排斥」といった日本製品の不買運動を煽り立てたり、シナ大陸に出ていた日本の工場でストを打ったり、日本人の経営する店に投石したり……いまとまったく同じようなことをやったのです。

また、九か国条約にはソ連が参加していませんでしたが、その後、ソ連の脅威がぐんぐん大きくなってきたのです。

条約締結後、①条約を守らない中国、②ソ連の脅威、という重大なる状況の変化が二つも起こっているのだから、日本のその後の条約離脱は別に条約違反に当たらないと、パル判事は結論しているのです。

《かようにして、日本の国際的地位は、国家主義的中国、ソビエト連邦および太平洋における民族意識の強い英語を国語とする諸民族によって、四方から囲まれて、突然ふたたび危険状態に陥った。（中略）

四囲の情勢が日本の外交関係を形成しつつあったのである。（中略）本審理に提出された証拠にもとづいては、本官はそれが起訴状に主張されたような全般的共同謀議の結果であり、またどのような点においても、かような共同謀議の存在を示したものであるとはいうことができない。本官の見解では、この点に関する検察側の主張は常軌を逸したものである》

こうしたパル判事の判決を読んで、私は「東京裁判というのはやはり誤りだ」という思いを新たにしたのです。

「マッカーサー＝東条史観」をアメリカ人に広めるべき

「東京裁判史観」を覆すには、もっと重要な史料があります。それは、私が何度も繰り返しお話ししていることですが、東京裁判を主宰したマッカーサーの証言です。
東京裁判において「日本は侵略国である」と決めつけたとき、その裁判はいかなる法源にもとづいて行われたかというと、根拠となったのは国際法ではなく、GHQの最高司令官マッカーサーの権威による「マッカーサー条例」でした。
そのマッカーサーはその後、朝鮮戦争をめぐって時のトルーマン大統領と対立して最高司令官を解任され、本国に呼び寄せられます。そして米上院の軍事外交合同委員会で証言したとき（一九五一年五月三日）、「日本が戦争に踏み切ったのは主に自衛（安全保障）のためであった」といっているのです。

《日本は絹産業以外には、固有の産物はほとんど何も無いのです。彼ら（日本人──渡部注）は綿が無い、羊毛が無い、石油の産出が無い、錫《すず》が無い、ゴムが無い。その他実に多くの原料が欠如してゐる。そしてそれら一切のものがアジアの海域には存在してゐたのです。

もしこれらの原料の供給を断ち切られたら、一千万から一千二百万の失業者が発生するであろうことを彼らは恐れてゐました。したがつて彼らが戦争に飛び込んでいつた動機は、

大部分が安全保障の必要に迫られてのことだったのです》（小堀桂一郎編『東京裁判 日本の弁明』講談社学術文庫、傍点・渡部）

傍点を付した箇所は非常に重要ですので、私はかならず英語で書いたり、いったりしています。当該箇所はこうなります。

“Their purpose, therefore, in going to war was largely dictated by security.”

文中に“therefore”（したがって）とあるのは、前段に書かれていること――いろんな物資を止められたら、日本には大量の失業者が溢れ、食っていけなくなる恐れがあったことをさしています。それゆえ、日本は自衛のために戦争に踏み切ったのだと、マッカーサーは証言したのです。

これはマッカーサーが個人的に語ったことでもなければ、自伝に書いたことでもありません。また、日記で書いたことでもない。アメリカの最も重要な軍事外交合同委員会の場で証言したことなのです。したがってこの証言には千鈞《せんきん》の重さがあります。

じつをいうと、このマッカーサー証言は開戦時の首相・東条さんの最終弁論の要旨とまったく同じなのです。東条さんはこう述べています。

《私は最後までこの戦争は自衛戦であり、現時承認された国際法には違反せぬ戦争なりと主張する。私はいまだかつてわが国が本戦争をなしたことをもって国際犯罪なりとして勝者より訴追され、敗戦国の適法な官吏であった者が個人的の国際法上の犯人、また条約の違反者として糾弾されるとは考えたこととてはない》（拙著『東條英機　歴史の証言』祥伝社黄金文庫）

日本の主張はここに尽くされています。だから私は「東京裁判史観」に対して、これを「マッカーサー＝東条史観」と呼ぶことにしています。

私はまだ、この証言を知っている官僚に出会ったことはありません。私があちこちで繰り返しているため、知るようになった人もいるかもしれませんが、大部分の官僚たちは知らないと思います。これは広く知らしめなければなりません。

それよりもっと重要なことは、アメリカの官僚たちに知らせることです。

六十年以上も前の証言ですから、いまのアメリカの外交官も知らないと思います。ましてや、アメリカの一般国民が知っているはずがありません。そこで、「先の戦争は日本の自衛戦争だった」というマッカーサー証言を彼らに知らせるのです。彼らはびっくり仰天するでしょうが、われわれ日本人としてはなんとしてでも、これを彼らに知らせる必要があるのです。

それがなによりも重要なことである、と考えています。

反日宣伝を論破し、日米による「中国封じ込め」に動け！

こうしたことを知れば、日本人としての自信がつくし、誇りを取り戻すこともできます。そうなれば、中国が歴史を捏造《ねつぞう》して尖閣諸島問題や南京虐殺問題、あるいは靖国問題……などについて、いくら〝いいがかり〟をつけてきても、それを論破することができます。

私は、いま中国の外交部長（日本の外相に相当）を務めている王毅《おうき》氏が駐日大使だったとき、彼を囲んで知人数人と食事をしたことがあります。そのとき、私は「シナ事変をはじめたのは日本ではなく中国の側ですよ」と発言したことがあります。

①盧溝橋《ろこうきょう》で最初に攻撃を仕かけたのは中国側である。
②それが上海に飛び火して戦火が拡大したが、この上海への飛び火は中国側の正規軍が日本人居留地を攻撃したからである。

私はそうした事実を話しました。「東京裁判もこれを認め、日本のシナ事変の開戦責任を問うことはありませんでした。それを問えば、戦勝国である中国側の責任が露《あら》わになってしまうからです」とも述べました。

王毅大使は私のいうことをじっと聞いていましたが、これについてなんの発言もありませんでした。

こちらが歴史的事実にのっとって諄々《じゅんじゅん》と説けば、こうして相手を黙らせることもできるのです。日本人としては地道な努力をつづけなくてはなりません。

安倍首相が就任以来、驚くほどの行動力でASEAN諸国をまわっておられるのは、そういう意味でも非常に有効だと思います。じっさい、日中韓の〝冷戦〟状態に触れたイギリスの雑誌「エコノミスト」は一月二十五日号でこう指摘しています。

《就任一年目にASEAN十か国を訪問した安倍氏の熱心な働きかけは、靖国神社をめぐ

る怒りによって打ち消されることはなく、かえって中国がＡＳＥＡＮ地域での支持を失いつつある》

外務省の発表によると、中国サイドの〝反日プロパガンダ〟は七十三の国や地域にのぼるそうですが、日本側からの反論の掲載は四十六件、掲載予定をふくめると六十件が対応済みだといいます（読売新聞二月四日付による）から、最近の日本政府としては上出来といっていいでしょう。地道な積み重ねによって着々と成果を上げていくことが必要です。

そういえば、反日的報道ぶりでは朝日新聞と並んでいたＮＨＫの籾井勝人《もみいかつと》新会長が一月二十五日の就任記者会見で、慰安婦問題について正論を吐かれたのも、新しい気運と見ることができます。新会長は――「（慰安婦は）戦争地域にはどこでもあったと思っている。ドイツやフランスにはなかったといえるのか？　韓国は日本だけが強制連行をしたみたいなことをいうからややこしい。補償しろといっているわけだが、日韓条約ですべて解決していることをなぜ蒸し返すのか。おかしい」という趣旨の発言をしたのです。この発言のどこに問題があるというのでしょうか。

ともかく、わが国の対処法は世界に向かって正論を発信していくことです。

もうひとつの対処法は、日米安保条約を強化して集団的自衛権を行使できるようにすることです。

すでに指摘したことですが、ジョージ・ケナンにならって、日本とアメリカががっちりと軍事的なスクラムを組み、中国を封じ込めるのです。そうすれば中国は動けない。そして十年か二十年後には、絶対に行き詰まります。

そもそも、共産党の一党独裁国家・中国は世界に向かって威張り散らしているように見えますが、実際は国民が怖いので総選挙ができない臆病な国家なのです。トップに君臨する一族は賄賂などで巨額の資金を貯め込み、それを国外に逃避させているだけでなく、政権の座を手放したら次期トップになにをされるかわからないため、自分もいつでも国外に脱出できるように備えています。一国のリーダーが自国を捨てる準備をしているような国が長つづきするはずはありません。

あとがき

過ぎた一年を振り返ってみて、記憶に残るような問題を改めて取り上げてみる——ということを徳間書店とはじめてから二十年ぐらいになると思う。

そもそものはじまりはテレビ東京で「新世紀歓談」という対談番組のホスト役を務めたことからである。毎週一人ずつ話題性のある方と話して、一年経ってみると、忘れ去るには惜しいという話題がいくつか残った。

それについて私の考えることを口述し、それを徳間書店が整理してくださるという形式だった。

テレビ東京の番組のホスト役は数年で終わったが、別のチャンネルに出ることはいまも続いているし、その他、雑誌などでの対談や鼎談《ていだん》などもある。相手となってくださる方は、いずれもその道の専門家であり、教えられることが多い。

そうして一年を過ぎた後で振り返ってみると、やはりいくつかのテーマになっていることに気づく、ということになる。

去年（平成二十五年）を振り返ってみると、その前年末に誕生した安倍内閣が本格スタートしたということがあった。

数年前の第一次安倍内閣のこともまだ記憶に新しいが、大きな違いはアメリカの劣化度である。第一次安倍内閣の時はブッシュ大統領だった。今回は二期目のオバマ大統領である。

現在のアメリカ政府およびアメリカ自体が、私が若い頃に知っていたアメリカから変容しているのではないかと感じられる点を考えてみた。靖国神社参拝問題もそれと関係があるのではないだろうか。

昨年に限らず、ここ十年以上、中国の問題が大きく日本に関係するようになった。何年も前から、北朝鮮や中国の崩壊説が、その道の専門家たちによって説かれてきた。しかし両国とも崩壊していない。

私は政治や経済の方面からではなく、歴史と道徳の面から考えてみたいと思った。多くのマスコミが報じているように、中国の現在の権力者とその一族は、大金を持って外国に出ているという。政府が新しい革命勢力によって崩壊した時に、亡命してそこで豊かに暮らそうということであるらしい。

本書でも触れたが、ルーマニアの共産党政権が崩壊した時、独裁者であったチャウシェスク大統領夫妻は、民衆に虐殺された。そんな目に遭わないための逃げ支度を、現在の中国共産党の幹部一族はやっているという。

夫人が妊娠すればアメリカで出産させる。アメリカで生まれた子供はアメリカ人だ。中国で新しい革命が起こったら、その子供――アメリカ人――の所に行けば良いという計算らしい。

このように一国の幹部たちがこぞって亡命準備をしている国家が永続した歴史的例があるだろうか。また、一国の幹部たちがこぞって亡命準備をするというモラルが成功し続けるであろうか。私もこの頃、中国崩壊説を信じたい気持ちになっているところだ。

一昨年、去年と続いて私が日本の最大問題と考えているのは、エネルギー問題である。

東京都知事選では、原発の代わりになるものがあるような意見の元首相や左翼の候補者たちがいた。都民がそれに乗せられなかったのは、福島原発事故から三年、ようやく原発というものを冷静に考えるという、好ましい科学的態度が浸透してきたからではないか、と私は楽観的に考えるようにしている。

エネルギー問題を直視して対策を取らなかったために、ついに日米開戦、そして敗北に至ったことは、まだ私の記憶の中では古くなっていない。

第一次世界大戦によるエネルギー革命――船も戦車も飛行機も石油で動かされるようになった――を忘れてはならないだろう。

福島の原発事故を原爆と重ねあわせるような報道の多さと、広島、長崎、チェルノブイリなどのその後の様子を伝える報道の欠如を、どう説明したらよいのか。これは日本のこれからの運命に関わると考えざるをえない。

それにつけても、浮かび出たのは戦後教育の欠落面である。戦後は頭《ヘッド》のいい子、心《ハート》の優しい子をつくる教育には熱心であった。しかし肚《ガッツ》をつくることは、忘れたり、忌避してきた。

これこそ国の運命を背負う人々の教育に最も必要なことだったのではないか。昨年はそれを痛切に感じさせられた一年であった。

もちろん、日韓問題も私の意識の中では大きい問題であったが、これについては私が感心させられた本や論文がいろいろ出たので、今回は軽く触れるに留めた。

今年もまたこのような企画をくださった徳間書店の力石幸一氏と明石直彦氏に御礼を申し上げます。そしていつものように原稿を見事に整理して、このような形にしてくださった松崎之貞氏の御骨折に心から感謝します。

平成二十六年二月下浣《げかん》

渡部昇一

渡部昇一（わたなべ　しょういち）
上智大学名誉教授。1930年、山形県生まれ。1955年、上智大学大学院修士課程修了。ドイツのミュンスター大学、イギリスのオックスフォード大学に留学。ミュンスター大学哲学博士（1958年）、同大学名誉哲学博士（1994年）。
深い学識に裏打ちされた鋭い評論で知られる。第24回エッセイストクラブ賞、第１回正論大賞受賞。専門書のほかに、『知的生活の方法』『自分の壁を破る人、破れない人』をはじめ多数の著作があり、ベストセラー、ロングセラーを続けている。
近著に『名著で読む世界史』（扶桑社）、『自立国家への道』（致知出版社）などがある。

新たな反日包囲網を撃破する日本

第１刷　2014年３月31日

著　者　渡部昇一
発行者　平野健一
発行所　株式会社 徳間書店
〒105-8055 東京都港区芝大門2-2-1
電話　編集 03-5403-4344　販売 048-451-5960
振替 00140-0-44392

印　刷　本郷印刷㈱
カバー印刷　真生印刷㈱
製　本　大口製本印刷㈱

乱丁・落丁はおとりかえ致します。

ISBN978-4-19-863777-4